JN186637

「昭和天皇実録」と戦争

栗原俊雄
Toshio Kurihara

山川出版社

はじめに

二〇一四年九月九日、宮内庁は『昭和天皇実録』を公表した。今年二〇一五年春から順次、刊行が始まっている。国家による「正史」が、刊行によって広く読まれることの意義は大きい。しかし一般の読者が読み通すのは、容易ではない。昭和天皇が生きたのは激動の二〇世紀と昭和であり、問題は多岐にわたる。宮内庁が編さんしたものは全一万二〇〇〇ページを超えた。

さらに『昭和天皇実録』は、読者にはなじみのない記述スタイルを採用している。また重要な案件について、複数の一次資料があるなかから特定のものを採用するケース、あるいは天皇の生々しい肉声をそぎ落としてしまったケースなど、読み手の知識と問題意識を試すような側面がある。

本書は、膨大な『昭和天皇実録』の中から、とくに「戦争」についての事項に重点を置き、解読、分析するものである。

一九四五年の敗戦で「大日本帝国」が瓦解するまで、二〇世紀前半の日本は戦争にまみれていた。その最大のものが第二次世界大戦である。およそ三一〇万人もの邦人が死んだ。日本史上最大の事件である。その事件を、国家の正史である『昭和天皇実録』はどう振り返っているのか。読者といっしょに、それを確認してきたいと思う。

目次

＊『昭和天皇実録』からの引用は〈　〉で示しました。
原文で小字分かち書きの部分は（　）内に小字で入れました。
引用文中の〔　〕内の小字は著者による注記です。
＊写真提供　毎日新聞社

扉写真：代々木練兵場での陸軍始観兵式で閲兵する昭和天皇。
（一九三九年一月八日撮影）

序章

『昭和天皇実録』とは何か

国家による歴史書の編さん

昭和天皇は一九〇一（明治三四）年四月二九日、東京・青山の東宮御所で誕生した。父は皇太子嘉仁《よしひと》親王（後の大正天皇）、母は節子《さだこ》妃（後の貞明《ていめい》皇后）で、長男である。一九八九（昭和六四）年一月七日、激動の二〇世紀と激動の昭和を見届け、八七歳で死去した。『昭和天皇実録』（以下、原則として『実録』と表記する）は、天皇の一代記である。

世に昭和天皇伝は多い。『実録』が、そうしたあまたの昭和天皇伝と決定的に違うのは、それが国家による歴史書＝正史であるということだ。

国家元首の一代記を編さんするのは、東アジアでは中国を祖とする。日本で天皇や皇族の没後その生涯や実績などを官選で記したのが「実録」である。日本では『日本書紀』（七二〇年）以来、『続日本紀』（七九七年）▽『日本後紀』（八四〇年）▽『続日本後紀』（八六九年）▽『日本文徳天皇実録』（八七九年）▽『日本三代実録』（九〇一年）の六編（「六国史《りっこくし》」）がある。もともと「臣下」が編さんし天皇に提出するためのものだった。

平安時代に編まれた『三代実録』以来、国家による正史編さんは千年近く長く途絶えて

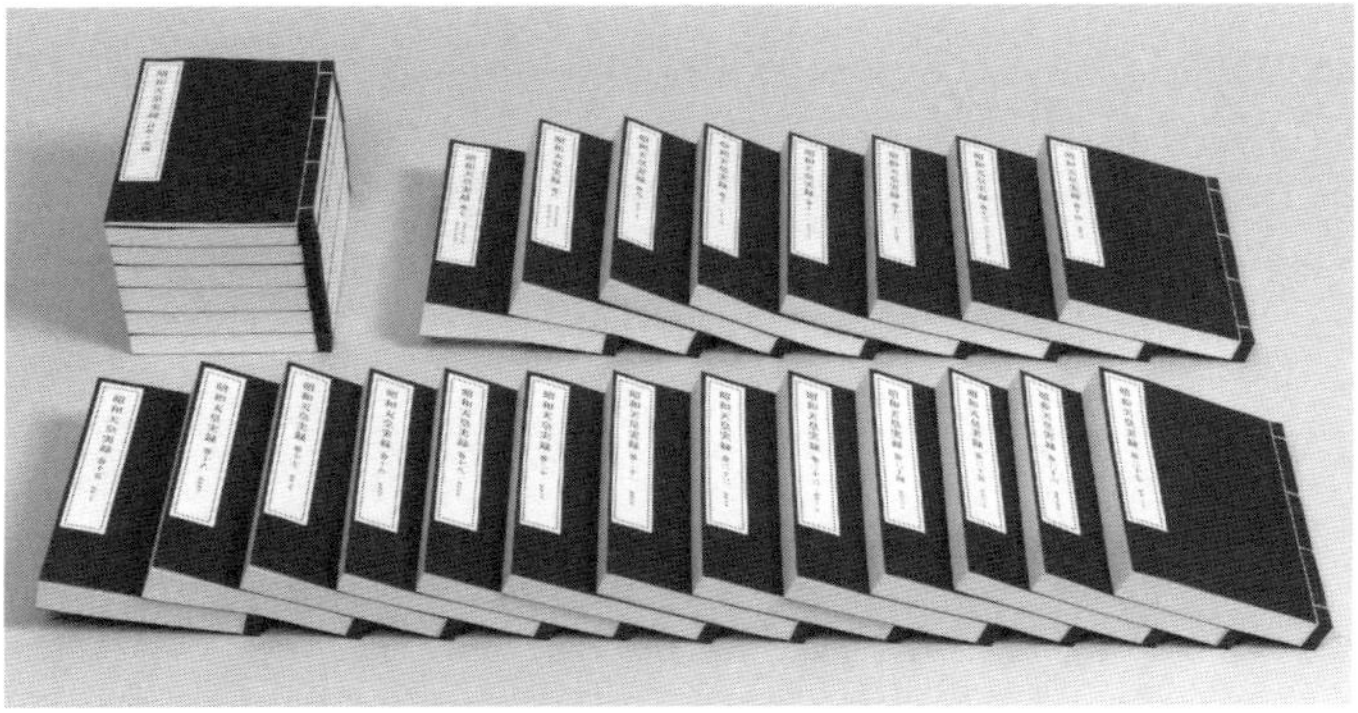

天皇、皇后に提出された『昭和天皇実録』。

いた。復活したのは明治期に編まれた『孝明《こうめい》天皇紀』である。以来、『明治天皇紀』『大正天皇実録』が編さんされた。『実録』はそれに連なるものである。

二〇一四年九月九日、重陽《ちょうよう》の節句の日、宮内庁は『実録』を公表した。二四年余、二億三〇〇〇万円の巨費を費やして編さんした。

ただし、これは人件費を除く。この間、一年平均で二六人の職員が作業にあたった。「二億三〇〇〇万円」よりはるかに巨額の税金が投入されたことは間違いない。その結果、一万二〇〇〇ページを超え、和綴じ本で六一冊もの大長編ができあがった。

使用した資料は三一五二件。「一件」とは、たとえば同一人物の手紙類はまとめて「一件」と数えるため、実際の点数は膨大なものに及ぶ。

編さんの意図は「特定の昭和天皇像を描くという

ことではなく、あくまでも昭和天皇自身の御動静、その確実な事実を確実な資料に基づいて一つ一つ書き記す」（宮内庁）であった。

『昭和天皇実録』の記述スタイル

内容に入る前に、記述のスタイルを確認しておこう。編年体で書かれているのは、『明治天皇紀』『大正天皇実録』と同様である。地の文がひとかたまりで書かれたあと、参考資料・文献が示されている。たとえば、以下のようだ。

〔前略〕

午後五時三十分より三十分にわたり、宮内大臣湯浅倉平に謁を賜う。午後六時七分、御学問所において海軍大臣大角岑生に謁を賜い、内務大臣後藤文夫に内閣総理大臣臨時代理を仰せ付ける件につき内奏を受けられる。六時十五分、同件を御裁可になる。七時五十五分、御学問所において内閣総理大臣臨時代理後藤文夫に謁を賜い、閣僚の辞表の奉呈を受けられる。その際、速やかに暴徒を鎮圧すべき旨、並びに秩序回復まで職務に励精すべき旨の御言葉を述べられる。
各閣僚の辞表はいずれも左のとおり。

曩ニ大命ヲ奉シテ重任ニ膺リ以テ今日ニ及ヘリ然ルニ今回岡田内閣総理大臣重大ナル故障ニ因リ職務ヲ執ルコト能ハサルニ至リタルヲ以テ其ノ職ニ留ルハ恐懼ノ至ニ堪ヘス仰キ願クハカ職ヲ臣解カセ給ハンコトヲ誠恐誠惶謹テ奏ス

なお、これら辞表に関して、天皇は後刻侍従武官長本庄繁に対し、最も重い責任者である陸軍大臣の辞表が他の閣僚と同一文面である点を御指摘になり御不審の念を漏らされる。また後日侍従次長広幡忠隆に対しても、同様の御不満の意を示される。
○侍従日誌、侍従職日誌、省中日誌、上奏モノ控簿、重要雑録、帝都騒擾事件記録、公文別録、本庄日記、入江相政日記、木戸幸一日記、木戸幸一関係文書、頭陀袋、岡田啓介回顧録、大霞、軍国太平記、東京日日新聞

〔後略〕

（一九三六年二月二十六日）

歴史学の基礎中の基礎として、地の文の記述がどの資料に準拠しているのかを明示しなければならない。たとえば地の文に（一）といった脚注を入れ、欄外に（一）の典拠を示すことだ。

しかし、『昭和天皇実録』はそうした脚注を入れない。このスタイルは『明治天皇実録』に準じている。

この点は大きな問題がある。地の文が、どの資料のどの部分に対応しているかが分からないのだ。地の文が典拠を正しく引用しているのか。都合のいい部分だけをつまみ食いしているのではないか。そうしたことを第三者が検証しにくい。するとしても無用な手間がかかる。

さらに、プライバシーなどの問題から、引用したことを明示できない資料もある。遺族等が資料の存在自体を知られることを拒否したためと、宮内庁は説明している。これでは、第三者は検証のしようがない。

もろもろ、歴史書のスタイルとしては、大学の学部生以下のレベルである。もっとも、後述の会見から分かる通り、宮内庁は歴史書の基本的スタイルに準じるつもりはない。

問題点についての宮内庁の答え

筆者は二〇一四年九月四日、江戸城（皇居）内で開かれた、宮内庁書陵部の会見でこのことについて質問した。

「実録は第三者が検証しにくいつくりになっているのではないかと思うんです。つまり書かれていることが本当に正しいのか、あるいは引用されている資料の引用の仕方が適切なのかということを歴史の研究者であるとか、われわれマスコミが確かめることができにくい」。筆者はそう問うた。

すると担当者は

「第三者の検証が難しいということは確かにご指摘の通りだと思います。それからもう一点の文体上からもどの部分がどういう部分によったということも、おっしゃる通りだと思います」と応じた。

資料の引用の仕方が正しいのかどうかを、第三者が検証できないということを、あっさりと認めた。

さらに、使ったことを明示できない資料があることについては、以下のように言葉を継いだ。

「ただ、それにつきましては前者につきましてはとりあえずいろいろご不満があるかと思いますけど、お見せできない資料等々もありますが、一方で見ることができる資料もたくさん使っていますので、そういった部分で検証していただくしかないと思います。これは明治天皇紀、大正天皇実録とそれもみんな同じことですので基本的にその形でやらせていただきましたので、ご了解いただければと思います。文体についても同じでございます」

つまり「記述のスタイルには問題がある。しかし、それは読み手の自助努力で何とかなる部分もある。それに先例に準じたので、了解して下さい」ということだ。歴史学の基礎を事実上無視したスタイルを、『実録』は踏襲した。

踏襲しなかったこともある。

『明治天皇紀』は一九三三年に完成し、六八年から刊行された。『大正天皇実録』は三六年に完成。二〇〇一年、情報公開法の施行後に公開請求がなされたが、宮内庁は「行政文書ではない」などとして開示しなかった。

つまり宮内庁は、『大正天皇実録』は、もともと広く一般に公開することを前提にしていない文書だと認めたのだ。専制君主の時代ならともかく、国民が納めた税金によって編まれた国家の「正史」である。およそ主権在民の時代と思えない決定であった。

結局、二〇〇二～一一年に四回に分けて公開した。しかし大正天皇の病歴や学業成績などは黒塗りにされた。

後世に歴史を刻印する責任を放棄したともいえるこの行為については、さまざまな批判があった。公刊もされていない。

そうした批判に学んでか、『実録』は実名表記を復活させた。もっとも塗りつぶさなくていい程度のことしか書いていないという推測もできる。また、後述のように典拠とした資料名を示さないなど、事実上の「黒塗り」となった要素もある。

第1章

『昭和天皇実録』にみる新発見

1 天皇幼少期の記録

両親への面会を禁じた「帝王教育」

天皇は一九〇一（明治三四）年、誕生から二カ月あまり後の七月七日、川村純義《すみよし》・海軍中将宅に預けられた。

〈東宮御所正殿において皇太子・同妃に御拝顔の後、九時馬車にて御出門、市民奉迎のなか麻布区飯倉狸穴町の枢密顧問官伯爵川村純義邸に御移転になる。〉

川村は、扶育役受諾を前にした抱負を『国民新聞』のインタビューの答えており、『実録』はこれを引用している。

〈予固より才なく而して既に老ひぬ。重任堪ゆる所にあらざれども殿下の御直命黙止し難く御受けを致したり。而して降誕あらせられたるは男皇子なりしかば慶賀禁ずる能はざると共に我が責任の更に重きを感ずること切なり。〔中略〕日本も既に世界の列に入りて国際社会の一員たる以上は子女の教養も世界的ならざるべからず。特に後日此の一国に君臨し給ふべき皇孫の御教養に関しては深く此点を心掛けざるべからず。皇孫の成長し給へる頃に至りて彼我皇室間及び国際の交際愈々密接すべきことを予測すれば、御幼時より英仏其他重要なる外国語の御修得御練習を特に切望せざるべからず。〉

日露戦争に勝ち、日本が国際世界に大きな名刺をたたきつける前である。その段階で、幼いころから英語、フランス語を習得させたいという。川村の気負いがうかがえる。

川村は一九〇四年に死去。しかし天皇はその後も父母と暮らすことはなかった。

さて『実録』では総じて、これまでの歴史研究を大きく覆す内容は見当たらない。一方、宮中奥にあって研究者にも一般にもあまり知られていなかった事実が、多数盛り込まれている。それは幼少期に多い。

たとえば一九〇七（明治四〇）年三月一八日。

〈皇太子・同妃葉山より行啓につき、午後零時五十分、本邸門前において御奉迎になる。御馬車の御前通過の際には、車上の皇太子妃とは御拝顔が叶うも、皇太子は反対側のため見上げることができず、二、三歩前に進み出られ「おもう様、おもう様、おもう様」と声を限りに呼びかけられる。それより皇太子に御拝顔のため直ちに本邸にお入りなることを希望されるも、側近に諫められ、一旦御帰邸の後、改めて馬車にて雍仁親王・宣仁親王と共に本邸に参邸され、皇后並びに皇太子・同妃に御拝顔になる。暫時にして皇太子妃と御同乗にて西附属邸に御帰邸になり、皇太子は御徒歩にて同邸に参邸される。よって雍仁親王と共に皇太子・同妃をおもてなしになり、新御殿に案内されて種々の玩具の御披露、修善寺絵葉書の御説明などをされた後、幼稚園において唱歌を披露される。四時十分、皇太子・同妃還啓につき、御奉送になる。〉

このくだり、『実録』は珍しく昭和天皇（迪宮《みちのみや》）の肉声を伝えている。

このとき、五歳。一般の家庭とは違い、両親と会う機会は少ない。目の前を、その両親を乗せた馬車が通っている。母の顔は見えたが、父は反対側で見えない。「おもう様、おもう様」と叫ぶが、馬車は通り過ぎる。さらにすぐに会いに行こうとするが、側近は許さない――。

「帝王教育」の一端が垣間見える。こうした教育がどのような影響を与えたのか、帝王ではないわれわれは、天皇の生涯の言動からそれを知らなければならない。

八歳の冬、父母への手紙

さらに一九一〇（明治四三）年二月四日の記述が重要である。

〈まだやっぱりおさむうございますが、おもうさま、おたたさまごきげんよう居らっしゃいますか、迪宮も、あつ宮も、てる宮も、みんなじょうぶでございますからごあんしんあそばせ

私は毎日学校がございますから七じ四十五分ごろからあるいてかよひます

四じかんのおけいこをしまつてみうちにかへります、そしておひるをしまつてたいて

い山や、村や、松林などにでておもしろく遊びます
またときどきせこに行ってにはとりなどを見て、これにゑをやることも有ります
またはまにでてかひをさがすことも有ります、しかし、かひはこちらにはあんまり有りません、葉山にはたくさんございますか
きのふはおつかひでお手がみのおどうぐやおまなをいただきましてありがたうございます。
おもうさま
おたたさま
ごきげんよう
二月四日　迪宮裕仁〉

昭和天皇が八歳の冬、静岡「沼津御用邸」での日常について書いた、両親つまり皇太子嘉仁親王（後の大正天皇、「おもうさま」）、節子妃（後の貞明皇后、「おたたさま」）に宛てた手紙である。

典拠は『迪宮御言行録』『原敬関係文書』。

兄弟で遊び回る様子が目に浮かぶ。

さらには幼少のころ、自分なりの「イソップ物語」を創っていたことも明らかになった。

一九一二（明治四五）年三月一六日、天皇は一〇歳。

〈この頃、物語創作を御発案になり、この日「裕仁新イソップ」と命名される。その第一作は「海魚の不平」と題され、海魚一同が会した際、ホウボウ、タイなどがそれぞれ他の魚の才能を妬み、自身の不遇を託つのをメクラウナギがたしなめる内容にて、「自分よりも不幸な者の在る間は身の上の不平を言ふな」との訓言が付される。続いて「二匹のはや」と題する物語を書き始められるも、中途にてお止めになる。このほか「鮠《はや》と蛙」「魚の釣」と題する御作もあり、前者は鮠が旱天で水がなく非常に苦しんでいるのを、蛙が見つけて気の毒に思い、水のあるところまで連れて行って助けた、との筋書である。〉

長じてから生物学にことのほか関心を持った天皇の、興味の源泉がうかがえる。

この部分の典拠は『東宮殿下御言行録』『迪宮御日誌』『皇太子殿下良子女王御略歴』。

一般には存在自体が知られていない資料である。幼少期にどんな教育を受け、どのような価値観をどのように形成していったのかをうかがう上で、こうした幼少期の記述は重要だ。

残念なのが「裕仁新イソップ」が書いた全文ではなく、概略が示されていることだ。天皇の精神形成を知る上でも、天皇自身が綴った物語を載せるべきであった。

傅育官との相撲に興じる皇太子時代の昭和天皇（学習院初等科６学年在学時）。

靖国神社との出会い

昭和天皇と靖国神社は、後述のように戦後になっても縁が深い。『実録』によれば、初めてかかわったのは一九〇五（明治三八）年一〇月一二日である。天皇四歳半。

〈午前、雍仁親王〔次男。のちの秩父

宮〕と共に馬車にて別格官幣社靖国神社にお成りになり、社前において御会釈になる。その際、同社は死せる軍人を祀ることの説明をお聞きになり、この中に広瀬中佐もいるかとのお尋ねあり、それより境内を巡覧され、遊就館の陳列品を御覧になる。〉

「広瀬」とは広瀬武夫少佐（戦死後中佐に特進）である。一九〇四年五月、日露戦争でロシアの拠点だった遼東半島・旅順港を封鎖する作戦に従事し、部下とともに戦死した。広瀬はその後「軍神」とされた。

もちろん、広瀬は靖国神社に祀られている。こののち、誰が祀られているかが昭和天皇にとって大きな問題になったことは、あとで見ていこう。

2 新出資料と宮内庁

新出資料　百武三郎の日記と関係資料

宮内庁によれば、典拠となった資料は三一五二件。同じ種類で複数ある資料（たとえば特定の個人が遺した複数の日記など）は、まとめて一件と数える。したがって点数は膨大なものになるはずだ。このうちおよそ四〇点が初出という。前述のように、「遺族らの意向で使用したことを明示できない」（同庁）資料があるため、「四〇件」の妥当性も現状では判断できない。

ここでは、「新出」の可能性が高いものを挙げる。

多くの研究者が注目するのが、百武《ひゃくたけ》三郎侍従長（一八七二〜一九六三）が遺した『百武三郎日記』『百武三郎関係資料』だ。

百武は二・二六事件（一九三六年）で鈴木貫太郎侍従長が退いた後を継ぎ、一九四四年八月まで務めた。つまり、日中戦争や対英米戦争をつぶさにみた侍従長である。

『実録』はこの期間、百武資料を多数活用している。たとえば一九三九年一〇月二七日、学識者らが天皇に講義する「進講」について、以下のやりとりがあった。

〈午前九時三十分、侍従長百武三郎より、今後の進講の方針につき言上を受けられ、従来の陸海軍の宮内省御用掛による進講は、今回海軍中将古賀峯一の退任を機に打ち切りとし、枢密顧問官清水澄による行政法進講も事変勃発以来中止につき打ち切りとすることを御聴許になる。ついで侍従長より、毎週一回の外交事情進講は継続し、このほか世界興亡史の進講として古今の名君・賢者の事蹟を聴取され、また現実政治に資せらるべく、実際的な経済学・政治学・軍事学その他の臨時進講をお聴きになることにつき奏上を受けられ、これを御嘉納になる。暫時にして侍従長をお召しになり、近時京都学派など哲学的に歴史を研究する風潮があることを指摘され、進講者はその系統は不可にて、科学的に研究する学者を可とする御意見を述べられる。また、国史研究者につき、皇室に関することは何も批評論議せず、万事を可とするが如き進講は、聴講しても何の役にも立たずと評される。ついで再び侍従長をお召しになり、新経済学者などの極端な学説は、それに化せられる憂いがあり不可にして、穏健なる進講者にして各種学説を紹介する程を可とする御意見を述べられる。〉

この時期の「京都学派」は実証主義から距離をもつ観念的な歴史学を展開していた。「皇室を批評しない進講は役に立たない」というからには、そうした講義を聴いていたのだろう。そんなものは意味がない、というのは高い見識である。

「新経済学者などの極端な学説」とは、このころ時流に乗っていた、国家社会主義的な統制経済の推進を唱えていた学説を指すとみられる。

天皇は「進講を受けたくないもの」を列挙した。それではなく「穏健なる進講者にして各種学説を紹介する」ことを望んだ。

百武は意見を述べる。

〈これに対し侍従長より、政治を総攬されるお立場として、一方に偏する説を聴取されると同時に、反対説も聴取され、聖断の資料とされることも必要である旨の意見の奉答を受けられる。ついで、人選につき、文部大臣に依頼し、偏せざる史学者、実際

的経済学者を採用すべしとの御意向を伝えられる。〉

「政治の総覧者として、ある意見だけではなく反対の意見をも聴き、決断の材料とすることも必要」と説いたのだ。結論は天皇の意思が通った形だが、百武は物怖じせず自分の意見を天皇に伝えたことが分かる。

『百武三郎日記』『百武三郎関係資料』の原典を公開すれば、研究者による新たな発見があるだろう。

宮内省（庁）関係者の新資料

同じく側近による『松平慶民《よしたみ》手帖』も、新出の資料だ。松平慶民（一八八二〜一九四八）は幕末の福井藩主松平慶永《よしなが》（春嶽《しゅんがく》）の三男。宮内省で式部長官や宗秩寮《そうちつりょう》総裁などを経て、一九四六（昭和二一）年一月、宮内大臣に就任。最後の宮内大臣となった。一九四七年五月三日、宮内府の移行に伴い、その初代長官となった。

『稲田周一関係資料』。稲田（一九〇二〜七三）は内務官僚としてスタートし、戦時下では内閣書記官、滋賀県知事などを務めた。これまで書記官時代の回顧録『稲田周一手記』や と終戦直後約一年間を記した『稲田周一備忘録』が知られていた。『実録』では六九年二月一二日まで『稲田周一関係資料』が典拠として挙げられている。

また『実録』は『侍従日誌』『内舎人《うどねり》日誌』『女官日誌』など、宮内省（戦後は宮内庁）職員が記したものを多用している。また『迪宮御日誌』『東宮御日誌』は昭和天皇自身の日記かと思われそうだが、側近の日誌だ。

これらは新出の「四〇件」とは別という。いずれにしても貴重な一次資料となり得るが、宮内庁は皇室管理の「お手元文庫」とし、公開の対象ではない、としている。

皇室内部にいるものが残したもので、資料的価値は高い。また「正史」である『実録』の典拠とした以上、公開するべきものだ。

宮内庁の、公開に後ろ向きな姿勢は強い批判を浴びている。『侍従日誌』など、職名を冠した資料は公務の一環として記したものである。他の公文書は一定期間を過ぎれば国立公文書館や外交史料館、防衛省防衛研究所戦史史料センターなどで公開していることからみても、「お手元文庫」が公開されない合理的理由はない。

このように、歴史学的には落第レベルではあるが、重要なデータを提供してもいる。それはたとえば、天皇がいつ誰と会ったかを詳細に記している点だ。

天皇が会見した人と数

『毎日新聞』は『実録』をもとに天皇と誰と会ったかを集計し、報道した（二〇一四年九月九日、二七日）。「内奏」「懇談」「進講」などの記載で、軍幹部と政治家、省庁幹部と会ったケースを抽出した。

それによれば、面談者数は即位後～一九三五年までは年間一六〇～二六〇人台だった。しかし三六年から軍人を中心に増加した。「太平洋戦争」開戦の翌四二年に五〇〇人を突破（五二二人）。敗戦の四五年は即位後最多の五六〇人に達した。

戦争という国家存亡の危機にあって、国家元首の仕事が多忙になっていく過程が裏付けられた。

敗戦後の四六年は一五九人だが、新憲法施行の四七年は九一人と急減している。国家元首から「象徴」となっていく過程も分かる。その後八〇年代半ばまで五〇人前後で推移した。没した八九年には、面談したとみられる記載はなかった。

面談者の内訳をみると、戦前は軍人が半数以上を占めた。とくに五・一五事件が起きた三二年、二・二六事件の三六年は各一六四人で、いずれも前年の約一・七倍になった。四一年の開戦後はさらに増加し、四四年は三七六人と最多で、同年の面会者に占める軍人の割合は七割に上った。

「日本国憲法」のもとで元首から「象徴」に転じ、「国政に関する権能を有しない」と定められた後、天皇が為政者と会う機会は激減した。

だが戦後も首相や閣僚が定期的に面談し、官僚らが国政の課題を「進講」していたことは知られている。

また国にとって大きな節目では、面会者が増えた。前掲の『毎日新聞』によれば沖縄返還、日中国交正常化がなった七二年は前年比三三パーセント増の六〇人、初の東京サミットがあった七九年も二五パーセント増の六〇人。このころ、天皇は会いに来るどの政治家、官僚よりも政治的経験を積んでいた。頼りになる存在だったことが分かる。

第2章

太平洋戦争開戦まで

1 日独伊三国同盟と仏印進駐

開戦に至る経緯

本章では、大日本帝国を破滅させた「太平洋戦争」開戦から敗戦まで、『実録』がどう記しているかをみてゆく。

「太平洋戦争」の原因としては、明治以来の大陸膨張政策や満州事変などさまざまな指摘がある。なかでも日独伊三国同盟（一九四〇年）は、平和と戦争の分水嶺の一つとなった。当時、ドイツは電撃戦でフランスを降伏させるなど絶頂期にあった。『実録』は以下のように記している。

〈〔九月〕十六日　午後四時三十分、内大臣木戸幸一に謁を賜う。ついで同五十分、御学問所において内閣総理大臣近衛文麿に謁を賜い、この日の閣議において日独伊三国

帝国ホテルでの日独伊三国同盟調印祝賀会であいさつする松岡洋右外相。

同盟の締結を決定した旨の内奏を受けられる。これに対し、現下時局に対する御懸念を表明され、対米開戦の場合における海軍の態度、敗戦に至る場合の総理の決意等につき御下問になる。〉

三国同盟では、欧州で独伊の、アジアで日本の指導的地位を相互に認め、第三国、事実上アメリカとの武力衝突の際は相互に軍事的支援を行うことが決められた。つまり、アメリカを仮想敵国とした同盟である。昭和天皇が「対米開戦」を懸念したのはこのためだ。天皇の懸念は、結果として正しかった。

二〇一一年一二月、筆者は『毎日新聞』で開戦七〇年の特集記事を執筆した。取材の中で、日米開戦史で基礎的な研究を残した須藤眞志・京都産業大名誉教授（国際関係史）にインタビューした。須藤氏はこの同盟を「日本近代外交史上、最悪な選択」と評した。「アメリカにとって最大の敵、ドイツと同じファシズムの国だと認定されてしまった」からだ。井口治夫・名古屋大教授（日米関係史）は「アメリカにとって、フランスをあっという間に破ったドイツと、日本が組めば脅威。だが日本は同盟すべきではなく、脅威をカードにして対米交渉を続けるべきだった」と指摘した。

地理的にも、日本と独伊では共同作戦は期待できない。なぜ同盟を結んだのか。山田朗・明治大教授（近現代軍事史）は「第二次世界大戦初頭のドイツの華々しい勝利で日本、特に軍部は幻惑された。イギリスを屈服させると信じた」と話した。

また第一次世界大戦の結果、敗戦国ドイツの領土を日本が国際連盟の委任統治領として、事実上の植民地として獲得したことも背景にあった。ドイツが第二次世界大戦に勝利したら、その植民地が回収されてしまうかもしれない。そういう危機感が、日本の為政者にはあったとみられる。

他方、ドイツ勝利で講和がなった場合、アジアにおける植民地再分割に参加できる、という期待があった。

三国同盟を力強く推進したのは、当時の外相松岡洋右《ようすけ》である。松岡は、この同盟で対米交渉を優位に進めようとし、ソ連を含めた四カ国同盟も想定していた。だが一九四一年六月の独ソ開戦で、その構想は空中分解した。

この時点で、大日本帝国は三国同盟を見直すべきであった。そもそも、「盟友」ドイツは日本を裏切って、日本の仮想敵国であったソ連と不可侵条約を結んだ前歴がある。頼りにしてはいけない相手であった。

仏印進駐とアメリカによる経済制裁

一九三七年七月に始まった日中戦争は、大日本帝国にとって泥沼のような戦いとなった。個別の戦闘では勝っても、蔣介石率いる国民党は奥地へと退くのみで降伏はしない。毛沢東らの共産党も粘り強く抗日戦線を維持していた。中国軍を支えていたのは、英米による蔣介石政権への支援物資補給路（援蔣ルート）であった。

日本は一九四〇年九月二三日、フランスの植民地だった北部仏印（現ベトナム北部）に進駐した。当時、フランスはドイツに敗北しており、日本にとっては石油など戦略資源が豊富な同地を獲得する好機だった。

アメリカは鉄くずなど戦略物資の禁輸で応じた。一方の日本政府はさらに南進を模索。これを察知したアメリカは、在米日本資産を凍結してしまった。

こうしたアメリカの硬化をどう評価し、さらにはその先の出方について、昭和天皇はどれほど正確に把握していたのか。一九四一年七月二六日の『実録』をみよう。

〈午前十一時、御学問所において大蔵大臣小倉正恒に四十五分にわたり謁を賜い、米国による在米日本資金凍結問題につき奏上を受けられる。引き続き外務大臣豊田貞次郎に謁を賜い、南部仏印進駐に対する米国の報復手段への緩和策等につき奏上を受けられる。これより先、ワシントンでは去る二十四日午後五時より駐米大使と大統領との間に非公式の会談が行われる。会談後、駐米大使は外相に対して大至急の極秘電報を発し、大統領は日本が仏印より撤兵し、各国がその中立を保障すれば自分は努力を惜しまないと述べたものの、日本の仏印進駐に対して石油の禁輸を仄めかしたため、何らかの経済的圧迫を近く実行する印象を受けたことを報じる。〉

日本は南部仏印まで進駐する方針を固めていた。アメリカもそのことを承知していて、野村吉三郎《きちさぶろう》駐米大使と会ったフランクリン・ルーズベルト米大統領は、「石油の禁輸」をちらつかせて牽制した。そのことが天皇の耳に入っていたことが分かる。

翌四一年七月二八日、それでも日本軍は南部仏印に進駐した。この南部仏印進駐については、第四章で別の角度でみてゆくが、ここでは『実録』に即してみてゆこう。

同日の『実録』はごく簡単にこの事実を記す。

〈午後四時五十分、枢密院会議に臨御される。議題は「仏領印度支那ノ共同防衛ニ関スル日本国「フランス」国間議定書締結及軍事上ノ協力ニ関スル公文交換ノ件」にして、全会一致を以て可決される。〉

米側は対日石油輸出を全面的に禁止した。

当時、日本は石油のほとんどをアメリカからの輸入に頼っており、打撃は大きかった。軍部の見立てでは石油備蓄量は二年分しかなかった。オランダの植民地だった蘭印（現インドネシア）からの輸入に望みをかけたが、植民地のオランダ総督との交渉はまとまらなかった。このころ、本国オランダはナチス・ドイツに占領され、政府はイギリスに亡命していた。しかし抗戦の意思を失ったわけではない。植民地といえどもオランダ総督が、ナチスドイツと同盟を組み、アジアに侵略の手を伸ばす大日本帝国に協力しないのは自然であろう。

ともあれ、天皇ら日本の首脳部は、ルーズベルトのシグナル＝死活的に重要な戦略物資である石油禁輸の可能性を認識していた。なぜそれでも、南部仏印進駐に踏み切ったのか。等松春夫防衛大学校教授（政治外交史・戦争史）は前述の二〇一一年の取材で「日本側は北部と南部ではたいした違いがないとみていた。ところがアメリカにとっては次元が違った。南部に進駐することで、（アジアにおける米軍の拠点）フィリピンが脅かされると感じた」と述べた。アメリカはこの時点で対日戦を決意した、とみる研究者が多い。

2 対米交渉の経過

日米諒解案をめぐる交渉

日米関係の改善ための交渉は四一年四月から本格化し、野村吉三郎駐米大使から日米「諒解案」の内容が本国に伝えられた。同月一九日の『実録』をみよう。

〈昨十八日夜、外務省より内大臣に対し、駐米大使野村吉三郎と米国国務長官コーデル・ハルとの間に合意された今後の日米交渉の試案（いわゆる日米諒解案）、並びに同試案に基づく交渉開始方に関する駐米大使の請訓電報（四月十七日夜、外務省着電）の写が送付される。日米諒解案は、両国間の伝統的友好関係の回復を目的とする全般的協定の締結のため、日独伊三国条約・支那事変・日米両国の通商・日本の南進等の諸懸案に関する諒解事項を掲げるとともに、今次諒解成立後なるべく速やかにホノルルにお

いて日米首脳会談を開催することを提案する。〉

「諒解案」を受け取った日本政府は、それが米側の提案であると認識した。国務長官から受け取ったとなれば、それは自然の認識である。

内容は、より具体的にいえば、①日本軍の中国撤兵などを条件として、アメリカが満州国を承認、日中和平交渉を仲介する、②日米通商航海条約の実質的復活、③米側は三国同盟を防衛的ものとして解釈し容認する、などであった。

日本に大きく配慮した内容である。しかも『実録』には書かれていないが、このときの現地からの報告は、あたかも米側から持ちかけてきたかのような印象を与えた。もしそうならば、日本はそこからさらに譲歩を引き出せるかもしれない。昭和天皇は「我国が独伊と同盟を結んだからとも云える、総ては忍耐だね、我慢だね」(『木戸日記』)と喜んだ。いつものように、天皇の感情をストレートに伝える肉声を、『実録』は採用していない。

天皇を喜ばせた同案は、じつは日米の民間人らが話し合って作成した試案だった。しかも日本側が米側に持ちかけたものであった。つまり、日本の要求は最大限のものであり、交渉をまとめるには日本が譲歩を余儀なくされる可能性が高い。

さてハルは、暫定案を交渉のたたき台として認めてはいた。しかしその前提として、①他国領土保全と主権尊重、②内政不干渉、③通商上の機会均等、④太平洋の現状維持との「四原則」があった。野村はハルからこの「四原則」を聞いていたが、結果的に日本本国には伝わらなかった。後からみれば、この時期の日米交渉はきわめて重要な意味を持っていた。大日本帝国政府は、そこに最適な人材を投入し得たかどうか。

天皇の反応からも分かる通り、日本政府は「諒解案」の内容を喜び、アメリカとの交渉を始めようとした。だが、欧州歴訪中の松岡洋右外相の帰国を待って決めることになった。

〈十八日夜に開催の大本営政府連絡懇談会では、首相より日米諒解案につき説明後、一定条件のもとに諒解案を受諾すべしとする意見が大勢を占めるが、本件に関する外相の把握の程度不明につき、その帰朝後に態度を決定することとなる。〉

松岡は「諒解案」の日本到着に先立つ一九四一年四月一三日、モスクワで「日ソ中立条約」に日本側全権として調印。得意満面での帰国だった。

松岡は、「諒解案」など日米交渉が自分の頭越しに進んでいたことを知り反発した。日本政府の回答は遅れ、しかも松岡の意を受けてはるかに後退したものになった。諒解案は雲散霧消した。前出のインタビューで須藤名誉教授は「諒解案ですぐに交渉に入っていれば新しい展開があったはず」と述べた。

近衛文麿、ルーズベルトとの首脳会談を提案

松岡は日米交渉の大きな障害となった。現在の内閣ならば首相は閣僚を罷免できるが、大日本帝国憲法下ではそれができなかった。このため近衛文麿《このえふみまろ》内閣は七月一六日にいったん総辞職し、松岡の後任外相に豊田貞次郎《ていじろう》を据えた。

停滞した日米交渉を進めるべく、近衛はルーズベルト大統領との会談を模索した。八月七日の『実録』をみてみよう。

〈午後三時三十分より四時五分まで、御学問所において内閣総理大臣近衛文麿に謁を賜う。首相に対し、米国の対日全面的石油禁輸に関する海軍側の情報等に鑑み、首相が速やかに米国大統領と会見するよう望む旨を仰せになる。〉

近衛はトップ会談で中国撤兵を約束し、あとで天皇の認可を得るという目論見だったとみられる。

天皇は会談が実現するかどうか、心配していた。八月一一日の『実録』は

〈内大臣木戸幸一をお召しになり、約五十分にわたり謁を賜う。内大臣に対し、過日首相が奏上した米国大統領との会談が成功すればともかく、もし米国が日本の申し出を単純率直に受諾しない場合には、真に重大なる決意をなさざるを得ないとのお考えを示される。〉

とある。さらに同月二七日。

〈夕刻、外務大臣豊田貞次郎に謁を賜い、首相と米国大統領との直接会談に関する件、及び対米回答につき奏上を受けられる。去る十七日、米国大統領は駐米大使に対し、日本の南部仏印への武力進出に警告を発し、日米首脳会談に前向きな姿勢を示す。これを受けて昨二十六日の大本営政府連絡会議は、日米首脳会談の実現を強く求めた首

相の回答（近衛メッセージ）、及び大統領の警告に対する我が方の回答を決定する。我が方の回答には、今回の南部仏印進駐が我が国の自衛上已むを得ない措置にして、支那事変の解決又は公正な極東平和の確立後に同地より撤兵する用意があること、さらに日ソ中立条約の遵守、及び隣接諸国への武力行使の意向なきことが表明され、太平洋地域における平和維持のため両国首脳の直接会談に米国の賛同を願う旨が記される。〉

野村駐米大使は米側に「近衛メッセージ」を渡した。それから二日後、二九日の『実録』。

〈夕刻、御学問所において外務大臣豊田貞次郎に謁を賜い、昨二十八日駐米大使が我が対米回答を米国大統領に手交したことにつき奏上を受けられる。これより先、本日午前に外務省に到達の駐米大使よりの大至急極秘電報には、大統領が首相のメッセージを賞賛し、会談の期間と場所につき言及したが、会談の期日については即答せざりし旨が記される。〉

本当にルーズベルトが近衛のメッセージを「称賛」したのだろうか。交渉を引き延ばし、政治的かつ軍事的に対日戦争準備を進めるための偽装工作だったようにもみえる。

結局、米側はトップ会談を拒否した。近衛の指導力、日本の外交そのものへの不信感もあった。近衛は天皇の許可を得ていた節がある。会談が実現していれば、日米交渉は続いたかもしれない。

3 開戦をめぐる御前会議

御前会議開催までのやりとり

九月五日、近衛首相は天皇に拝謁し、大本営政府連絡会議の方針を伝えた。

〈首相は一昨三日の大本営政府連絡会議を経て本日閣議決定の「帝国国策遂行要領」

につき奏上し、明六日にこれを議題とする御前会議を開催することを奏請する。本要領の要旨は左のとおり。

〔略〕

一、帝国ハ自存自衛ヲ全ウスル為対米、(英、蘭)戦争ヲ辞セサル決意ノ下ニ概ネ十月下旬ヲ目途トシ戦争準備ヲ完整ス

二、帝国ハ右ニ並行シテ米、英ニ対シ外交ノ手段ヲ尽シテ帝国ノ要求貫徹ニ努ム対米(英)交渉ニ於テ帝国ノ達成スヘキ最少限度ノ要求事項並ニ之ニ関聯シ帝国ノ約諾シ得ル限度ハ別紙ノ如シ

三、前号外交々渉ニ依リ十月上旬頃ニ至ルモ尚我要求ヲ貫徹シ得ル目途ナキ場合ニ於テハ直チニ対米(英蘭)開戦ヲ決意ス

〔略〕〉

一〇月下旬までに対米戦の準備をする、というのが最初に記されている。

〈突然、御前会議開催の奏請を受けられた天皇は、本要領は第一項に対米戦争の決意、

第二項に外交手段を尽くすとあるため、戦争が主、外交が従であるが如き感ありとして、その順序を改めるようお求めになる。〉

戦争の前に、外交でなんとかすべきだろう、というのはこの場合、まっとうな「正論」である。しかし「正論」と「政論」は違う。大日本帝国はこのとき、後者を選択しつつあった。天皇は「正論」に固執した。その意見が正しかったことは、歴史が証明している。近衛は、項目の順序は内容の軽重を示すものではない、と伝えたが天皇は納得しない。

〈作戦上の疑問等も数々あるとして、明日の御前会議において参謀総長・軍令部総長に下問することを御希望になる。首相は、他の国務大臣が同席する御前会議においては両統帥部長が十分に奉答し得ないため、これより直ちに両名を召されるよう願い出るとともに、なお自身も内大臣とも相談すべき旨を言上する。〉

天皇は陸海軍を統帥する「大元帥」である。作戦上も納得できず、御前会議で、杉山元《はじめ》参謀総長、永野修身《おさみ》軍令部長に「下問」＝質問する意思を、近衛に伝えた。すると近衛は、

海軍軍令部・陸軍参謀本部連絡会議のメンバー（1942年8月撮影）。

御前会議の場では二人は十分に答えることができないので、すぐに二人を呼んで聞くべきだ、と応じた。

「御前会議」では天皇と、臣下の閣僚等の間で質疑があってはならない。その前の根回しで、天皇の疑義は解決しておかなければならない。近衛の発言はそういう不文律を伝えている。

天皇は近衛の進言をいれ、木戸内大臣を通じ両総長を呼んだ。そして、近衛に言ったように第一項と第二項の入れ替えを要求した。

さらに、天皇は南方方面作戦の見通しを、杉山に問うた。

〈参謀総長より陸海軍において研究の結果、南方作戦は約五箇月にて終了の見込みである旨を奉答するも、天皇は納得されず、従来杉山の発言はしばしば反対の結果を招来したとされ、支那事変当初、陸相として速戦即決と述べたにもかかわらず、未だに事変は継続している点を御指摘になる。参謀総長より、支那の奥地が広大であること等につき釈明するや、天皇は支那の奥地広しというも、太平洋はさらに広し、作戦終了の見込みを約五箇月とする根拠如何と論難され、強き御言葉を以て参謀総長を御叱責になる。〉

「強き御言葉」「御叱責」などとあるこの記述は、『実録』には珍しく天皇の怒りを伝える描写である。

「太平洋はもっと広いではないか」

もっとも、昭和史研究ではこのやりとりは有名で、あまたの研究書に記されている。典拠は近衛が遺した『平和への努力』など。

それによれば、南方の処理を「五カ月くらいで」と話した杉山に対し、天皇は

「お前は支那事変勃発当時の陸相だった。そのときは『事変は一カ月くらいで片付く』と言った。しかし四年の長きにわたり、片付かないではないか」と指摘した。

杉山は「支那は奥地が開けていて、予定通り作戦が進まない」旨を答えると、天皇は大声で言った。

「支那が広いというなら、太平洋はもっと広いではないか」

答えに窮した杉山に代わって永野が答えた。永野の返答を『実録』は次のように記している。


〈現在の国情は日々国力を消耗し、憂慮すべき状態に進みつつあり、現状を放置すれば自滅の道を辿るに等しきため、ここに乾坤一擲の方策を講じ、死中に活を求める手段に出なければならず、本要領はその趣旨により立案され、成功の算多きことを言上する。〉

要するに「今立ち上がらないと自滅するに等しい。今立ち上がれば勝算は多い」ということだ。開戦に前のめりになっている永野の、天皇に対する恫喝《どうかつ》のようでもあり、説得のようでもある。
天皇は言う。

〈無謀なる師を起こすことあれば、皇祖皇宗に対して誠に相済まない。〉

無謀な戦争を始めたら、先祖に申しわけない。そういう意味だろう。

〈強い御口調にて勝算の見込みをお尋ねになる。軍令部総長は、勝算はあること、短期の平和後に国難が再来しては国民は失望落胆するため、長期の平和を求めなければならない旨を奉答する。天皇は了解した旨を仰せられる。両総長は、決して戦争を好むにあらず、回避できない場合に対処するのみであることを言上する。首相より、最後まで外交交渉に尽力し、已むを得ない時に戦争となることについては両総長と同じ気持ちである旨の言上あり。ここに天皇は、首相と両総長の言上を承認する旨を述べられる。〉

「強い御口調」以下の具体的なやりとりは、『杉山メモ』によれば以下の通りである。

御上〔天皇〕　絶対ニ勝テルカ（大声ニテ）

総長〔永野〕　絶対トハ申シ兼ネマス。而シ勝テル算ノアルコトタケハ申シ上ケラレマス。必ス勝ツトハ申上ケ兼ネマス

尚日本トシテハ半年ヤ一年ノ平和ヲ得テモ続イテ国難カ来ルノテハイケナイノテアリマス　二十年五十年ノ平和ヲ求ムヘキテアルト考ヘマス

御上　アヽ分カッタ（大声ニテ）

「目の前の戦争を回避して半年や一年の平和を得るよりも、二〇年五〇年の平和を求めるべきだ」。永野の、およそ根拠のない説得に「分カッタ」と応じた天皇の真意は何だったのだろう。納得したということなのか。あるいは山田朗教授が指摘するように「型にはまった精神論にうんざりして、『モウイイ』という意味で声を荒げた」（『昭和天皇の軍事思想と戦略』）のか、『実録』を読んでも分からない。

はっきりしているのは、陸海軍の最高幹部がきわめていい加減な見通しで戦争に邁進《まいしん》し

ていたことである。そのいい加減さは、後述する大日本帝国の蜃気楼のような戦争構想（対米英戦をどう終わらせるか）と響きあっている。

御前会議の慣例

下準備が行われたあと、九月六日午前一〇時、天皇臨席の「御前会議」が開かれた。出席者は近衛首相、豊田貞次郎外相、田辺治通《はるみち》内相、小倉正恒《おぐらまさつね》蔵相、東条英機《ひでき》陸相、及川古志郎《おいかわこしろう》海相、鈴木貞一国務相兼企画院総裁、杉山元参謀総長、永野修身軍令部総長、塚田攻《おさむ》参謀次長、伊藤整一軍令部次長。さらに枢密院《すうみついん》議長原嘉道《よしみち》、内閣書記官長富田健治、陸軍省軍務局長武藤章・海軍省軍務局長岡敬純が出席した。

議題は「帝国国策遂行要領」である。

開戦前、国策は政府や統帥部（陸軍参謀本部、海軍軍令部）の首脳による「大本営政府連絡会議」で話し合い、その決定は天皇が臨席する御前会議で裁可された。慣例として、天皇は「御前会議」では意見を述べないことになっていた。その前の段階で、関係者らの「拝謁」を通じて自身の意見や意思を伝え、それを御前会議に上げる案に反映させていた。さらに御前会議での天皇の質問は、枢密院議長が代弁するのが通例であった。

しかし、このときの天皇は通例を乗り越えようとした。自ら質問したい、と木戸幸一《きどこういち》内大臣に伝えたのだ。つまり五日の両総長の説明に、天皇は納得していなかったのだ。

〈六日　土曜日　午前九時四十分、内大臣木戸幸一をお召しになり、同五十五分まで謁を賜う。天皇は内大臣に対し、本日の御前会議において質問したしと希望され、種々御下問になる。内大臣は、御疑問の重要な点は枢密院議長より質問すべき予定につき、陛下としては最後に今回の決定は国運を賭しての戦争ともなるべき重大なものであるため、統帥部においても外交工作の成功をもたらすべく全幅の協力をなすべき旨を御警告になることが最も適切と思考すると奉答する。〉

木戸は「質問は枢密院議長がする」とし、開戦に前のめりな軍部に外交を成功すべく「警告」するよう勧めた。

この日の議題は「要領」である。枢密院議長が、天皇の疑義を代弁した。

〈本案文〔「要領」〕を一瞥通覧すると、戦争が主で外交が従であるかの如く見えるが、今日はどこまでも外交的打開に勉め、外交に努力して万已むを得ない時に戦争をするものと解釈すると発言する。〉

戦争が先で、外交は二の次だと思っているのか。天皇は枢密院議長の口を通じて、鋭くそう問うた。

〈これに対し、海相より、案文中の第一項の戦争準備と第二項の外交の間に軽重はなく、枢密院議長の認識と同じく、できる限り外交交渉を行うこと、また首相の訪米決意もこの観点に基づくと考える旨を答弁する。枢密院議長は、本案は大本営政府連絡会議の決定であるため、統帥部も海相の回答と同じ認識と信じて安心したと述べ、本案が御裁可を経た後は、首相の訪米使命に適するよう、且つ日米最悪の事態を免れるよう協力を願うと発言する。〉

前日の問答を繰り返した。馬鹿馬鹿しい話だが、これが「天皇制」の一面である。

4 開戦をめぐる天皇の意思

御前会議　天皇が避戦の意向を表明

御前会議では、天皇は発言しないのが習わしだった。

〈会議のまさに終了せんとする時、天皇より御発言あり。天皇は、事重大につき、両統帥部長に質問すると述べられ、先刻枢密院議長が懇々と述べたことに対して両統帥部長は一言も答弁なかりしが如何、極めて重大な事項にもかかわらず、統帥部長より意思の表示がないことを遺憾に思うと仰せられる。さらに天皇は、毎日拝誦されている明治天皇の御製「よもの海みなはらからと思ふ世になど波風のたちさわくらむ」が記された紙片を懐中より取り出し、これを読み上げられ、両統帥部長の意向を質される。満座は暫時沈黙の後、軍令部総長は、自分は枢密院議長の発言の趣旨と同じ考えであり、説明の冒頭にも二度この旨を述べていること、海相の答弁に対して枢密院議長が諒解する旨を述べたため、改めて申し上げざりしことを奉答する。参謀総長よりも軍令部総長の発言と全然同じである旨の奉答あり。これにて会議は閉会し、十一時五十五分、天皇は入御される。〉

「四方《よも》の海皆同胞《はらから》と思ふ世になど波風の立騒ぐらむ」。通例を破って、御前会議で天皇は発言した。その内容は明らかな「避戦」「非戦」の意思表示である。

だがこの日決定された「要領」では、一〇月下旬を目途に対米英蘭戦争の準備を完成させること、また外交を進める一方、一〇月上旬ごろまでに要求貫徹の目処がない場合は「直ちに開戦を決意」することを決めた。大日本帝国は、戦争への道を大きく前進した。

天皇の発言について戦中派の作家、故・五味川純平《ごみかわじゅんぺい》はこの場面を以下のようにいう（『御前会議』）。

「発言しない建前の天皇が発言したのは異例のことである。つまり、天皇は意思表示せずにはいられなかったと解すべきであろう。もしそうなら、天皇は詩歌の朗読による表現などとるべきではなかった。詩歌は感傷的感慨の表現手段でしかない。事はまさに国運が決する瞬間だったのである。」

東条陸相と武藤軍務局長は、天皇の避戦の意思を知った。二人ともこの時点では、開戦は難しいと思った。天皇の意思は、御前会議から帰った二人から軍部に伝わった。だが、結局、戦争は避けられなかった。

五味川は嘆息する。

「朕は戦争を欲せず、とひとこと言ったらどうであったか。〔中略〕沈黙の慣例は天皇みずからによって破られているのである。天皇の直接的意思表示が異例のこととして行われたとしても、行われてしまえば、それを輔弼するのが列席者たちの任務なのである。

詩歌の朗読では、意思はどれほど明瞭に感取されても、手続上は忖度でしかないから決定力を持たない。列席者は恐懼したが、それだけである。」

ともあれ、天皇はこの「御前会議」で非戦への意思を、慣例を破って示した。だが誰もが知っているとおり、大日本帝国は開戦の道、奈落の底への坂道を選んだ。

日米交渉行きづまり、近衛内閣総辞職

一〇月上旬ごろと、日米交渉の期限を切る「要領」を受け入れた近衛は、自らを追い込んでしまった。

対米交渉の鍵は、日本の中国撤兵の是非だった。だが東条英機陸相ら陸軍強硬派は「多大な犠牲を払った中国から撤兵することはできない」と猛反対した。

一五日の『実録』。

〈午後一時十分、内大臣木戸幸一をお召しになり、同五十八分まで謁を賜う。内大臣より緊迫する政局につき言上を受けられる。去る十二日の首相私邸における会議後も、首相は日米交渉打開のため支那・仏印よりの撤兵問題に関して陸相の再考を求めるも、陸相は撤兵問題のみは絶対に譲れないとして強硬に反対する。この日午前、企画院総裁鈴木貞一は内大臣を訪ね、陸相の意向として、首相が翻意しない限り政変は避け難いと思われること、また政変の場合には、聖旨を隔意なく拝承し、陸海軍を統

率できる人物は臣下にはいないため、稔彦王の出馬を煩わすほかなき旨を伝える。〉

ごねることによって、首相を替えさせる。陸軍の得意技であった。

一方の海軍は、本音では対米戦を回避したかった。勝算がないし、そもそも陸軍が固執する中国大陸の権益のためにその勝算のない戦争に突き進むのは、海軍の利益にならなかった。

しかし、対米戦の主役が海軍であることは、海軍自身はもちろん陸軍も分かっていた。海軍が「戦争はできない」といえば、戦争にはならなかった。近衛はさまざまなルートで、海軍にそういわせるべく図ったが、作戦の最高責任者である及川は明言しなかった。

この点、海軍首脳の責任は重い。しかし、海軍だけに責任をかぶせるべきではない。海軍の仮想敵国は、明治以来アメリカである。対米戦を視野に入れて、営々と軍備を拡張してきた。いざというときに「戦えない」といったら、組織の存在意義が揺らぐ。

そんな海軍に、「非戦」の決定権を求めること自体に無理がある。より早い政治的段階、より高い政治的段階で「非戦」への道を選ぶべきであった。しかし、「大日本帝国」の為政者にその能力はなかった。

近衛はルーズベルトとのトップ会談に最後の望みをかけたが、前述のように実現しなかった。

日米交渉の見通しを失った近衛は、まさに「一〇月上旬」の一六日、総辞職を選んだ。一七日の『実録』。

〈午後一時七分より三時四十五分まで、西溜ノ間に元内閣総理大臣として伯爵清浦奎吾・男爵若槻礼次郎・海軍大将岡田啓介・従二位広田弘毅・陸軍大将林銑十郎・陸軍大将阿部信行・海軍大将米内光政、並びに枢密院議長原嘉道・内大臣木戸幸一が参集し、後継内閣首班の奏薦のための重臣会議が開催される。冒頭、内大臣より政変に至る経緯が説明され、引き続き各々質問、意見の開陳あり。後継内閣首班については、若槻が陸軍大将宇垣一成を、林が皇族内閣を提案するが、いずれも反対される。ついで内大臣より、陸海軍の一致を図るべきこと、九月六日の御前会議決定を再検討する必要の見地から、陸相東条英機を首相兼陸相とすることを主張、反対論はなく、広田・阿部・原より賛成を得る。

午後三時五十五分より四時十分まで、御座所において内大臣に謁を賜い、重臣会議の模様と東条を推薦する旨の奏上を受けられる。ついで侍従長百武三郎をお召しになり、東条を召すよう御沙汰になる。暫時の後、再び侍従長に対し、海相及川古志郎を召すよう御沙汰あり。同四十五分、御学問所に出御され、陸軍大臣東条英機（陸軍中将）に謁を賜い、後継内閣の組織を命じられる。〉

首相官邸で記念撮影をする東条内閣。
（1941年10月18日撮影）

内大臣の木戸幸一は、後任首相として東条を昭和天皇に推薦した。陸軍内部ににらみがきく者を首相にすることで、強硬派を押さえる狙いだった。

組閣後の一〇月二〇日、天皇は木戸を呼んだ。

〈午前十時四十三分、内大臣木戸幸一をお召しになり、十一時三十五分まで謁を賜う。今回の政変に際しての内大臣の尽力を労われる。その際、内大臣より、不用意な戦争突入を回避する唯一の打開策と信じて東条を奏請した旨を詳細にお聞きになり、いわゆる虎穴に入らずんば虎児を得ざる旨の御感想を述べられる。〉

昭和史のなかでも、有名な場面である。天皇は東条を首相にしたことについて「『虎穴に入らずんば虎児を得ず』だね」と応じた。すでに、アメリカという虎の尾を踏んでしまっていたことに、日本の為政者たちは気づかなかった。

5 陸軍・海軍の戦争構想と開戦

蜃気楼の戦争構想

当時の日本政府、軍首脳も日米間に圧倒的な国力差があり、独力でアメリカを屈服させることは不可能だと知っていた。では、どのように戦争を構想していたのか。

一九四一（昭和一六）年一一月一五日、大本営政府連絡会議で戦争終結構想が決定された。主な内容は、①南方作戦で戦略的自給圏を確保する、②中国の蒋介石政権への圧力を強める、③独伊と連携しイギリスを屈服させる、④それによってアメリカの戦意を失わせ、講和にもちこむ、といったものだった。対英戦争の主力は独軍だが、独軍は海軍力が乏しく、英軍を屈服させるとは限らない。実現したとしても、それでアメリカが戦意を失うとは限らない。仮定の上に仮定を重ねた空想のような「戦争構想」である。

戦争の始め方を知ってはいるが、終わらせ方は知らない。それが大日本帝国の為政者たちであった。

同日の『実録』は以下の通りである。

〈午後一時五分、東一ノ間に開催の大本営会議に臨御される。会議には、陸軍より参謀総長杉山元・参謀次長田辺盛武・参謀本部第一部長田中新一・同第二課長服部卓四郎ほか参謀三名、海軍より軍令部総長永野修身・軍令部次長伊藤整一・軍令部第一部長福留繁・同第一課長富岡定俊ほか参謀三名が参列し、元帥陸軍大将載仁親王・同守正王・元帥海軍大将博恭王、及び陸軍大臣東条英機・海軍大臣嶋田繁太郎が陪席する。天皇は、両統帥部第一部長の説明にて、戦争初頭のマレー・香港・ビルマ・蘭印・フィリピンを中心とする南方作戦の指導とその推移に関する兵棋演習を御覧になる。説明御聴取の後、軍令部総長に対し、陸軍輸送船団の護衛問題につき、また参謀総長に対し、支那軍の北部仏印への動き如何、我が軍のマレー半島南下中に敵がインド洋方面から上陸することの有無につきそれぞれ御下問になり、両名より奉答を受けられる。四時、入御される。〉

この記述では、天皇が空想的「戦争構想」の説明を受けたかどうかは分からない。また仮に説明を受けたとしても、なぜそれを認可したのかも分からない。

『独白録』には、説得を受け入れてしまった理由らしきことが記されている。

「日独同盟に付いて結局私は賛成したが、決して満足して賛成した訳ではない。松岡は米国は参戦せぬといふ事を信じて居た。私は在米独系が松岡の云ふ通りに独乙側に起つとは確信できなかつた。然し松岡の言がまさか嘘とは思へぬし半信半疑で同意したが、ソ聯の問題に付いては独ソの関係を更に深く確かめる方が良いと近衛に注意を与えた。」

天皇の証言によれば、松岡は戦争になればアメリカのドイツ系住民がドイツの味方をする、という見立てを伝えた。天皇は半分疑い、半分信じて同意したという。

結果的に、三国同盟は大日本帝国を奈落の底に運ぶ急行列車となった。その車掌となったのが松岡である。

もっとも、車掌一人では列車が動かないように、松岡一人の意思で三国同盟が成るはずもない。三国同盟は軍部、とくに陸軍の強烈なイニシアチブがなければあり得なかった。松岡は「軍があらかじめ布石した路線上を、軍より先走ろうとしたに過ぎなかった」（五味川純平『御前会議』）というのが妥当な分析である。

昭和天皇は、車掌だった松岡がよほど嫌いだったらしい。『独白録』をみると、南部仏印進駐を振り返った場面にはこうある。

「この進駐は初めから之に反対してゐた松岡は〔一九四一年〕二月の末に独乙に向ひ四月に帰つて来たが、それからは別人の様に非常な独逸〔ママ〕びいきになつた。恐らくは『ヒトラー』に買収でもされたのではないかと思はれる。」

天皇の人物評をあまり掲載しない『実録』は、「『ヒトラー』に買収」のセリフをまったく引用していない。

甘い見通しで天皇を説得

昭和天皇は東条に、九月六日の決定を白紙還元するように指示した。東条は国策変更を模索する。だが、国家が平和へと舵を切り直すことはなかった。

昭和天皇が戦争回避を望んでいることを知った統帥部は、天皇を説得するための資料作りを進めた。兵器や船舶確保の見通しなどについて具体的なデータを示し、対米英戦争は可能、とした。その努力は奏功し、天皇は説得された。

軍事のプロとは思えない甘い見通しであった。しかし、軍官僚たちも安心材料がほしかった。自分たちが作ったデータを信じるようになり、催眠術にかかったように「何とかなる」と思い込んだのだろう。一一月五日の御前会議で対米英蘭戦争を決意し、「武力発動の時期を一二月初頭と定め」た。ただ、対米交渉が一二月一日午前零時までに解決すれば、武力発動は停止することが確認された。

「ノー」といえない海軍の立場

対米戦は、海軍が「ノー」といえば始められない。自らの強い意志で「避戦」を貫くことのできない近衛首相や、陸軍の一部もそれを期待した。だが及川古志郎海相は「戦争をするかしないかは政府の決めること」と判断を避けた。永野修身軍令部総長はより強硬な対米開戦論者だった。

海軍は対米戦を想定して軍備を拡張してきた。いざという時「戦えない」とはいえなかった。それは、海軍が自らの存在意義を否定することになるからだ。

ブレーキとなるべき政党、ことに二大政党の政友会と民政党は、腐敗や政争のため国民の支持を失った。さらに大政翼賛会《たいせいよくさんかい》に参加するために解党してしまった。権力核が陸軍と海軍、外務省など細胞分裂のように広がった。天皇でさえ調整できないまま戦争に進んでいった。

「ハル・ノート」で開戦決定

対米妥協を模索する東条内閣は、米側との交渉で一一月七日に「甲案」を提示した。主な内容は、①日中間の平和が確立した場合、最大二五年を目処に中国から撤兵する、②仏印の進駐軍は、日中戦争の解決か極東平和の確立とともに撤兵する、であった。だが、これは拒否された。

さらに二〇日、乙案（日本が仏印以外の南東アジア、南太平洋地域には進駐しない代わりに、米側は日米関係を資産凍結以前に戻す）を提示した。乙案は、中国撤兵問題という懸案を棚上げし、妥協するものだ。この時点で日本政府は、これを切り札かつ最終案と認識していた。

米側は結果的に「ハル・ノート」で応じた。『実録』一一月二七日の記述。

〈この日午前、大本営政府連絡会議が開催され、外相より日米交渉の成立が困難である旨の報告後、日本側より去る二十日提示の乙案に対する米国の対案（ハル・ノート）の骨子が、ワシントン駐在の陸海各武官よりの電報にてもたらされる。ついで、午後二時再開の会議において各情報を持ち寄って審議した結果、米国の対案は最後通牒と見なすべく、もはや日米交渉の打開に望みはないため、十一月五日の御前会議決定に基づく行動を要するが、改めて十二月一日に御前会議を開催の上、最終的に決定すること、ただし天皇が日米交渉を深く御軫念になり、重臣からの意見聴取を希望されていることにも鑑み、御前会議への重臣の出席は不可なるも、明後二十九日に重臣を宮中に集め、首相より説明をなし、その後に午餐を賜わることを申し合わせる。〉

『実録』は、大日本帝国政府が、アメリカの「最後通牒」と受け止めたと記す。これについては、議論が分かれるところだが、ここではおく。

「ハル・ノート」の主な内容は、①中国、仏印からの撤兵、②汪兆銘政権の否認、③三国同盟の空文化だった。日本側の主張とかけ離れており、戦争を避けたがっていた東郷茂徳《とうごうしげのり》外相でさえ「もはや立上がるより外はない」と覚悟する内容だった。運命の開戦が決まった。

アメリカ側にも誤算があった。対日強硬派には、弱者（日本）は強者（米）に立ち向かわない、という思い込みがあった。「窮鼠猫を噛む」という発想はなかった。現実の歴史では日本は直ちに立ち上がり、米軍は緒戦に大きな被害を受けた。日米はたがいに、相手の譲れない一線を読み違えていた。

暫定協定案が出ていれば……

日本の乙案への対案とし、米側は民需用石油に限って禁輸を暫定的に三カ月停止し、その後は交渉次第で延長するという「暫定協定案」を用意していた。だが日本と戦っていた中国が強く反対。チャーチル英首相も同調し、結局提示は見送られた。

ハル・ノートに比べれば、一時的にせよ妥協しやすくはあった。東条は敗戦後「あれ（協定案）が来ればなあ」と悔やんだという。しかし、それは来なかった。

戦争が決まった後、一二月二日の『実録』はこれまでの研究では知られていなかったエピソードを記す。

〈侍従長百武三郎をお召しになる。その際、侍従長は、今回の重大決議につき御機嫌を奉伺する。また侍従長は、陛下が極力臣民の辛苦を愍れみ、平和を希求されたにもかかわらず、今回の事態を招来したことにつき、その御心境を御製にして下賜されることが臣民の心裡に如何に感激を与えるべきや、その結果、臣民が一団となって皇運を翼賛する刺激となるや、御仁徳を知らしめ得るとして御製の下賜を願い出るも、天皇は対外硬的であるとして御不満に思し召される。翌朝、侍従長より詳細な説明を聴取され、御納得になる。〉

開戦にあたって、百武は「平和を希求したにもかかわらず開戦となった。その心境を和歌に詠んで発表すれば、国民が感動し士気が上がる」と促した。

天皇が歌を何万首詠もうが、大日本帝国がアメリカに勝てるはずもなかった。

第3章

太平洋戦争敗戦まで

1 緒戦勝利から玉砕へ

初期の戦果に「御満足」

一九四一（昭和一六）年一二月八日、海軍機動部隊がハワイの真珠湾を奇襲、米太平洋艦隊に壊滅的打撃を与え、「太平洋戦争」が始まった。以下、「太平洋戦争」の節目となった戦いについて、『実録』がどう記しているかみてゆこう。

開戦後、海軍は太平洋方面およびインド洋まで進出し、米英軍を撃破した。陸軍もマレー半島を占領。開戦三カ月目の二月上旬には、東洋におけるイギリスの拠点、シンガポールの攻略も時間の問題となった。同月一三日、目覚ましい戦果に、盟友から祝電が寄せられた。

〈今次我が軍の戦捷に際し、満洲国皇帝溥儀、及び独国宰相アドルフ・ヒトラーより

祝電を寄せられ、それぞれ答電を発せられる。〉

一五日、山下奉文《ともゆき》陸軍中将率いる第二五軍はシンガポールを陥落させた。同日付の『実録』をみよう。

〈午後九時五十分、参謀総長杉山元参内につき、御学問所において謁を賜い、シンガポール陥落につき奏上を受けられる。十時五分、御杉戸において侍従長百武三郎より、祝詞の言上を受けられる。同十分、大本営は、我が陸軍部隊が本日午後七時五十分、シンガポール島要塞の敵軍をして無条件降伏せしめた旨を発表する。〉

この日、内大臣の木戸幸一《きどこういち》が記したところによれば、天皇はこう言った。

「次々に赫赫《かくかく》たる戦果が挙がるについても、木戸には度々云ふ様だけれど、全く最初に充分研究したからだとつくづく思ふ。」（『木戸日記』）

日本軍は三月、オランダ領東インド（現インドネシア）ジャワを占領、ミャンマー（ビルマ）のラングーンも占領した。

〈九日　午前九時三十五分、御学問所において参謀総長杉山元に謁を賜い、昨朝のラングーン陥落、南方軍爾後の作戦指導に関する奏上、並びに防空実施に関する上奏を受けられる。その後、内大臣木戸幸一をお召しになり、戦果につき御満足の意を示される。〉

例によって天皇の肉声は採用されない。同日付の『木戸日記』によれば、天皇は「龍顔殊の外麗しく、にこにこと遊ばされ」、こう言った。「余りに戦果が早くあがり過ぎるよ」。

ミッドウェー惨敗の「奉上」

「赫赫たる戦果」に湧いていた一九四二年六月、海軍は手痛い敗北を喫した。真珠湾以来連戦戦勝だった機動部隊は、空母「赤城」「加賀」「飛龍《ひりゅう》」「蒼龍《そうりゅう》」を基幹とする機動部隊を出動させた。ハワイ諸島の西、米海軍の拠点だったミッドウェー攻略と米機動部隊撃滅を目指す作戦だった。

だが米軍の待ち伏せに遭い、空母四隻が撃沈され、重巡洋艦一隻も沈んだ。当時、日本海軍の主力空母は六隻。そのうちの四隻を一気に失ってしまったのだ。開戦半年にして、日本は大きな危機に直面した。

空母を失ったこと以上に痛手だったのは、優秀な兵士を失ったことだ。戦死者は三〇〇〇人以上。うち二一六人は戦闘機や爆撃機、雷撃機の搭乗員であった。

そもそも、パイロットが独り立ちするには膨大な時間がかかる。三〇〇飛行時間程度まては何とか飛ぶことができる程度、「人間で言えばヨチヨチ歩きの段階」(『つらい真実・虚構の特攻神話』)であった。そのヨチヨチ歩きにたどり着くまで、毎日三時間飛んでも、一〇〇日かかったのだ。もちろん、座学に必要な時間は別である。大型空母でも、飛行甲板の長さは二五〇メートル程度、幅は四〇メートルに満たない。広い海の上では、あまりも小さい。しかも洋上を走り、さかんに揺れている。その空母から発着艦すること、とくに着艦することは、熟練の技術を必要とした。

そうした搭乗員を育てるためには、時間だけでなく、日本軍のアキレス腱であった燃料も相当量が必要となる。一人前の搭乗員が誕生するには、膨大なコストを必要としたのだ。二一六人もの搭乗員を一挙に失ったミッドウェーの敗戦は、その点でも致命的だった。

一方、日本の戦果は米空母一隻を沈めただけで、ミッドウェー島の攻略もならず、惨敗

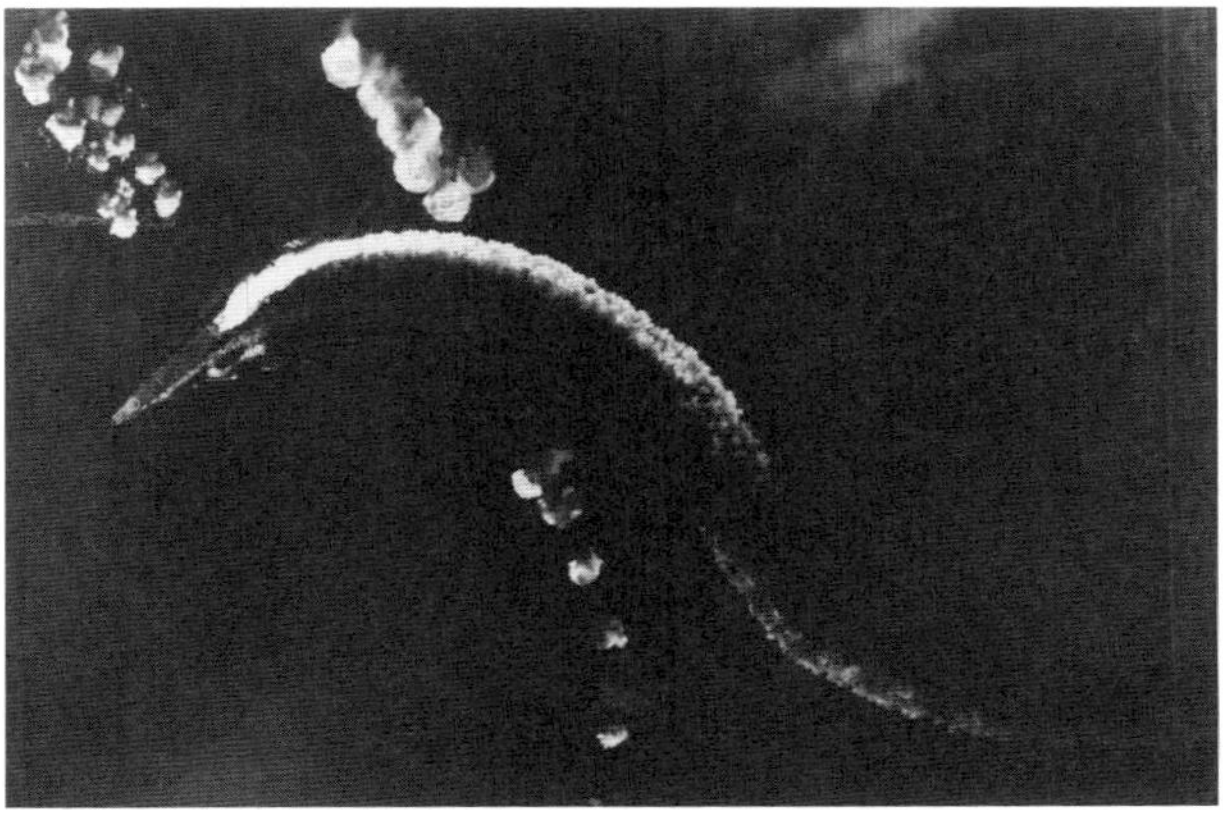
ミッドウェー海戦で攻撃を受ける空母「赤城」。

であった。

海軍は天皇に、どう報告したのか。ヒントになるのが六月一〇日の『実録』である。

〈午後四時、御学問所において軍令部総長永野修身に謁を賜い、戦況につき奏上を受けられる。なお、この日午前十時三十分からの大本営政府連絡懇談会において、海軍側よりミッドウェー海戦の戦果に関し、航空母艦一隻を撃沈、その他航空母艦一隻・巡洋艦数隻を大破したこと、我が方の損害は航空母艦一隻喪失、航空母艦・巡洋艦各一隻大破であることを報告する。〉

戦果は二倍以上に水増し、被害は半分以下に偽って報告している。大本営は、国民に向けてこうした「戦果」と「被害」を発表した。大本営政府連絡会議での報告と、天皇に伝えられた内容が大きく違っていたとは考えにくい。だとすれば、海軍は天皇をだましたことになる。

天皇の感想を、『実録』は記していない。

「ガダルカナル」にもない天皇の肉声

緒戦の勝利により、陸海軍の戦線は広がった。北はアリューシャン列島、南はオーストラリア南部、東は中南部太平洋諸島、西はビルマとインド国境付近に及んだ。兵士を何とか送り込むことはできても、補給はままならなかった。

結果として各地で「玉砕《ぎょくさい》」つまり全滅、あるいは餓死《がし》が多発したことは、よく知られている通りである。戦中派の作家で、戦車部隊の士官だった司馬遼太郎は「常識では考えられない多方面作戦——大空に灰を撒いたというような、いわば世界史に類のない国家的愚行——」と評している。

撒かれた灰がおよぶ東の端近くに、ある島があった。「ガダルカナル」。日米戦屈指の激戦となったこの島は当初、日本海軍が上陸し飛行場を建設していた。
一九四二年八月、米軍が上陸。激しい争奪戦が続いた。日本陸軍は兵力の逐次投入を繰り返し、撃退された。海軍による補給も不十分で、翌四三年二月に撤退。およそ二万人が死んだ。半分以上が餓死や戦病死であったとされる。大日本帝国の戦争を象徴するような戦場であった。
あの戦争がなければ、ほとんどの日本人はこの島の名を知らなかっただろう。しかし無謀な戦争の象徴として、この島は戦史に刻まれ、日本人の記憶にも刻印された。
『実録』は、「ガダルカナル」について淡々と記している。たとえば一九四三年二月八日。

〈午前十時三十分、内大臣木戸幸一をお召しになり、昨七日夜実施されたガダルカナル島第三次撤収作戦も成功した旨をお話しになる。〉

さらに同年二月一六日。

〈午後三時十分、東一ノ間に開催の大本営会議に臨御される。議題は南太平洋方面の戦況にて、今月上旬ソロモン方面を視察した参謀次長田辺盛武より、ガダルカナル島撤収作戦、ソロモン群島ビスマルク諸島方面の防備状況、航空部隊作戦、ニューギニア方面の状況に関する奏上を御聴取になる。〉

戦局のターニングポイントとなった重要な戦いだが、いつもの通り天皇の肉声は記されていない。

2 空と海の特攻作戦

特攻を天皇はどうみていたか

搭乗員が、爆弾を積んだ飛行機もろとも敵艦に突っ込む「特別攻撃隊」＝特攻は一九四四（昭和一九）年一〇月、フィリピン戦線で始まった。

これは海軍だけでなく陸軍でも、それまでにはない「戦法」であった。ガダルカナルやインパール（ビルマ）など、補給の見込みのない地域に大量の兵士を送り込み、事実上見殺しにした戦域はあったが、それでも死ぬことが前提の作戦ではなかった。

しかし特攻は、成功の前提が死である。つまり搭乗員が死ななければ、作戦は成功しない。「九死に一生」ではなく「十死零生」である。

第一陣は海軍で、送り出したのは大西瀧治郎《たきじろう》中将である。大西は特攻隊の創設者であるかのように、戦後長くいわれてきた。

大西が特攻の推進者だったのは事実である。しかし中将とはいえ前線の一指揮官でしかない大西に、「十死零生」の作戦を行わせる権限はおよそない。実際は、海軍のみならず陸軍でも組織的に準備が進んでいた。大西は最初の引き金を引いたにすぎない。大西がいなくても、別の人間がそれをしていただろう。

大西は特攻を「統率の外道」と評していた。いかに戦争中といえども、「死んでこい」という命令はそうそう出されるものではない。それが常態化したら兵士の戦意が低下する。使用した兵器も必ず失われる。だが大日本帝国はそれをあえてした。

『神風特別攻撃隊の記録』によれば、一〇月二〇日午前、大西は「敷島隊《しきしま》」など特攻隊員二四人に訓示した。同書の著者は、神風特別攻撃隊の第一陣を送り出した第一航空艦隊の参謀だった猪口力平と、二〇一航空隊飛行長だった中島正である。

大西は少し青ざめ、話が進むにつれ体が震えていた、という。「皆はすでに神である。神であるから欲望はないであろう。が、もしあるとすればそれは自分の体当たりが無駄ではなかったどうか、それを知りたいことであろう。（中略）自分はこれを見届けて、必ず上聞に達するようにするから、安心していってくれ」と、話したとされる。

被弾しながら米艦に突入する特攻機。（1944年11月撮影）

上聞とは、天皇に伝えるということだ。

一〇月二五日、関行男大尉率いる「敷島隊」の五機が出撃、米護衛空母（初めから空母として建造されたものではなく、タンカーなどを改造した空母。一般に正規空母に比べ艦載機が少なく、対空砲火など防御力も劣っていた）「セント・ロー」を撃沈した。

この特攻に先立つ四カ月前、日本海軍はマリアナ諸島に侵攻した米軍を撃滅すべく、空母九隻から四〇〇機以上を出撃させたが、駆逐艦一隻さえ沈めることができなかった（『マリアナ沖海戦』）。そのことを考えると、「敷島隊」は大戦果を挙げたといえる。

大西は「外道」の作戦を続けた。『修羅の翼　零戦特攻隊員の真情』によれば、大西は以下のように話していた。

「万世一系仁慈《じんじ》を以て統治され給う天皇陛下は、この事を聞かれたならば、必ず戦争を止めろ、と仰せられるであろう」。フィリピン戦線で特攻に出撃しながら生還した著者・角田和男が大西の副官だった小田原俊彦から聞いた話を回顧したものだ。

伝聞証言であり、一次資料ではない。しかしながら、大西自身の遺書などを照らし合わせると、大西が特攻による超物理的効果、「民族の記憶」に貢献する効果をみていたことは、間違いないだろう。

ともあれ「敷島隊」が大戦果を挙げた翌一〇月二六日、天皇はその報告を受けた。

〈御学問所において軍令部総長及川古志郎に謁を賜い、比島における戦況等につき奏

上を受けられる。その際、神風特別攻撃隊敷島隊等による突撃戦果についても奏上あり。〉

これだけでは、昭和天皇が特攻をどう感じていたかはわからない。

その点、『神風特別攻撃隊の記録』には、興味深い記述がある。敷島隊が戦果を挙げたあとの一〇月末、同隊の戦闘経過を聞いた天皇の「お言葉」が届いた。同書によれば、昭和天皇は及川軍令部総長にこう言った。

「そのようにまでせねばならなかったか。しかしよくやった」。

天皇の「よくやった」という「お褒めの言葉」が、その後の特攻遂行のエネルギーとなったことは想像に難くない。

陸軍も航空特攻を始めた。海軍の「敷島隊」の突入から半月後の一一月一二日。第四航空軍の「万朶隊《ばんだ》」四機がルソン島・マニラ南方のリパ飛行場を飛び立った。大本営は翌一三日、「戦艦一隻、輸送艦一隻撃沈」と発表した。

一〇月一三日の『実録』によれば、天皇はこのことを知った。

〈御文庫において参謀総長梅津美治郎に謁を賜い、戦況につき奏上を受けられる。昨日のレイテ湾における陸軍特別攻撃隊万朶隊による戦果等を御嘉賞になる。〉

天皇はやはり特攻を「御嘉賞」、ほめ称えていたのだ。『修羅の翼』が伝える大西の期待、特攻によって天皇が停戦に動くという期待はかなわなかった。

それどころか、天皇は喜んだ。となれば、一度始まった特攻を中止することは大西といえども不可能であった。「特別攻撃」は通常の作戦となった。特別かつ外道の作戦が常態化したのである。

戦艦「大和」の特攻

第二次世界大戦中、日本の戦艦は一二隻が稼働した。なかでももっとも知られているのが「大和」であろう。命名者は、天皇であった。

一九四〇年七月二五日の『実録』にある。

〈この日、軍艦大和進水に関する海軍上奏書類を御裁可になる。即日、呉海軍工廠においで建造中の戦艦を「大和（ヤマト）」と命名された旨の海軍大臣達あり。なお、昭和十二年十一月建造着手の同艦の命名については、去る昭和十四年三月三日付にて、海軍大臣より「大和（ヤマト）」又は「信濃（シナノ）」の候補よりの御治定の伺いがなされ、同月六日「大和」と御治定の旨が侍従長より海軍大臣に伝達される。〉

「大和」は世界最大の四六センチ砲を九門搭載。重さ一トンの砲弾を最大四二キロ先まで飛ばすことができた。米軍の戦艦の砲の射程距離は四〇キロ程度であった。つまり、計算上、「大和」は敵艦の砲弾が届かないところから一方的に相手を叩くことができた。もっとも、そうした戦闘はついに実現しなかった。

「大和」は大艦巨砲主義、つまり大砲を積んだ戦艦同士で艦隊の雌雄を決する戦術思想に基づいて建造された。ロシア・バルチック艦隊を壊滅させた「日本海海戦」の成功体験に基づくものである。

だが航空機の発達により、戦闘の主役は航空母艦を基幹とした機動部隊に移っていた。「大和」は一九四一年一二月一六日に完成した。これに先立つ八日には、日本の機動部隊が真珠湾を奇襲、戦艦を柱とするアメリカ太平洋艦隊を壊滅させた。二日後の一〇日には、イギリス東洋艦隊の戦艦で、マレー半島の日本軍を叩くべくシンガポールを出撃した「プリンス・オブ・ウェールズ」と「レパルス」を、日本の海軍航空隊が撃沈した。

戦艦は、多数の航空機の攻撃には耐えられないことを、他ならぬ日本海軍が証明したのだ。「大和」は、誕生の瞬間から時代遅れの兵器であった。だが海軍は「大和」を温存し、戦果はほとんどなかった。姉妹艦の「武蔵」は一九四四年一〇月、フィリピン近海で米軍によって撃沈された。

一九四五年に入ると、陸海軍とも特攻が常態化した。ここから「外道」が「本道」に転化したのである。

主力は引き続き航空特攻であったが、艦船による水上特攻も行われた。もっとも規模が大きかったのは、「大和」を中心とする第二艦隊の一〇隻によるそれである。

四月一日、米軍は沖縄本島に上陸した。陸軍は上陸が確実視されていたにもかかわらず、三個師団あった守備隊から一個師団を台湾に移転させたことから分かるように、沖縄での戦いを事実上、本土決戦準備のための時間稼ぎと位置づけていた。

一方の海軍は、沖縄こそ最後の主戦場とみていた。そこで、最後に残った虎の子の「大和」を投入しようとした。航空機の援護がない艦隊を沖縄に突入させ、米軍を撃破するという構想である。

こうした水上特攻の構想にはしかし、海軍内部にも慎重な意見があった。航空機の援護なしに長時間、敵に姿をさらすのは自殺行為であり、それは「大和」の姉妹艦「武蔵」を失ったフィリピン沖海戦の結果が証明している。第二艦隊司令長官の伊藤整一中将自身が、特攻に反対していた。

昭和天皇の一言がきっかけに

その無謀な水上特攻が実現するにあたっては、天皇の一言があった。

一九四五年三月二六日の『実録』をみてみよう。

〈御文庫において軍令部総長及川古志郎に謁を賜う。なおこの日午前十一時二分、聯合艦隊司令長官は天一号作戦の発動を令する。〉

さらに同月三〇日、天皇は及川に会い〈天一号作戦に関する御言葉への連合艦隊司令長官よりの奉答を受け〉た。

「天一号作戦」は沖縄方面での航空特攻を主体とするものである。

天皇の「御言葉」＝質問、そして及川の「奉答」の内容について、『実録』は記していない。以下、別の資料からこのやりとりを再現しよう。

海軍側の資料によれば、同月二六日、豊田副武《そえむ》連合艦隊司令長官は天一号作戦部隊に対し「畏レ多キ御言葉ヲ拝シ、恐懼《きょうく》ニ堪ヘズ、臣副武以下全将兵殊死奮戦誓ツテ聖慮ヲ安ンジ奉リ、鞭強執拗飽ク迄天一号作戦ノ完遂ヲ期スベシ」との緊急電報を発した。豊田は、及川から天皇の「御言葉」を伝えられたとみていい。

そして三〇日、及川は先に見た豊田の意思、「臣副武以下全将兵殊死奮戦」つまり航空部隊だけではなく、艦船を含めた全兵力を挙げて戦うという作戦方針を「奉答」したのであろう。

特攻艦隊は「大和」以下、軽巡洋艦「矢矧《やはぎ》」、駆逐艦「磯風」「濱風」「朝霜」「霞」「冬月」「涼月」「雪風」「初霜」からなる一〇隻だった。四月六日、山口県徳山沖を出撃。結果的に、帝国海軍が、最後に出撃させた艦隊であった。七日、わずか二時間余りの戦闘で

「大和」以下「矢矧」、「磯風」「濱風」「朝霜」「霞」の六隻が九州南西沖で米軍機に撃沈され、作戦は失敗した。およそ四〇〇〇人が戦死した（拙著『戦艦大和　生還者たちの証言から』）。敗戦まで一〇カ月続いた航空特攻の戦死者に匹敵する人数である。「外道中の外道」作戦であった。

かつて「大和」に乗っていた宇垣纏《まとめ》海軍中将の日記『戦藻録』に、以下の記述がある。宇垣は開戦時の連合艦隊参謀長である。山本五十六《いそろく》連合艦隊司令長官に仕え、「大和」に乗っていた。

この日記を記した時点では、九州地方の航空防衛にあたる第五航空艦隊の司令長官として、鹿屋航空基地（鹿児島県）にあり、航空特攻の指揮をとっていた。

「抑々茲《そもそもここ》に至れる主因は軍令部総長奏上の際航空部隊丈《だけ》の総攻撃なるやの御下問に対し、海軍の全兵力を使用致すと奉答せるに在りと伝ふ」。書かれたのは、作戦が失敗した四月七日当日である。

宇垣によれば、沖縄の作戦に関し及川から説明を受けた天皇は「航空部隊だけか」という趣旨の「御下問」をした。及川はその「御言葉」を持ち帰って、豊田副武に伝え「全兵力を使用いたします」と答えた。これが「大和」艦隊特攻につながった、というのが従来からの定説であった。『実録』はこれを裏付けたといえる。
一方、同日の『実録』は以下の通りだ。

〈午後三時より同二十分まで、御文庫において軍令部総長及川古志郎に謁を賜う。なおこの日午後三時過ぎ、沖縄突入の海上特攻隊の第四十一駆逐隊司令より海軍大臣・軍令部総長に対し、午前十一時四十一分より数次にわたる敵艦上機大編隊の攻撃を受け、大和・矢矧・磯風が沈没、浜風・涼月・霞が航行不能、その他各艦多少の損害あり、冬月・初霜・雪風は救助の後、再起を計るべき旨を報じる電信が接到する。翌八日午後五時、大本営は、我が特別攻撃隊が四月五日夜来、沖縄本島周辺の敵艦船並びに機動部隊を反覆攻撃し、特設航空母艦二隻ほかを撃沈又は撃破したが、我が参加部隊のうち戦艦一隻、巡洋艦一隻、駆逐艦三隻が沈没した旨を発表する。〉

実際は、「大和」艦隊は敵艦を一隻も沈めていない。それどころか敵艦影を見ることさえなく、一方的に撃沈された。「実録」がそうした史実を記さず、ウソ満載の「大本営発表」を記していることが興味深い。

3 敗戦への道

天皇はいつ敗戦を意識したか

戦況が絶望的ななか、天皇はいつ、なぜ敗戦を意識したのだろうか。

『昭和天皇独白録』をみてみよう。

「私に〔は〕ニューギニアのスタンレー山脈を突破されてから〔十八年九月〕勝利の見込みを失つた。一度何所かで敵を叩いて速やかに講和の機会を得たいと思つたが、独乙との単独不講和の確約があるので国際信義上、独乙より先きには和を議し度くない。それで独乙が敗れてくれゝばいゝと思つた程である。」

開戦二年足らずで「勝てない」と覚悟したという。

『実録』は一九四三年九月三〇日、「ニューギニア」について以下のように記している。

〈午前十時、御前会議開催につき、東一ノ間に臨御される。内閣総理大臣兼陸軍大臣東条英機・海軍大臣嶋田繁太郎・大蔵大臣賀屋興宣・外務大臣重光葵・大東亜大臣青木一男・逓信大臣寺島健・鉄道大臣八田嘉明・商工大臣岸信介・企画院総裁鈴木貞一・枢密院議長原嘉道・参謀総長杉山元・軍令部総長永野修身・参謀次長秦彦三郎・軍令部次長伊藤整一が出席する。議題は大本営政府連絡会議において決定の「今後採ルヘキ戦争指導ノ大綱」並びに「今後採ルヘキ戦争指導ノ大綱ニ基ク当面ノ緊急措置ニ関スル件」にて「今後採ルヘキ戦争指導ノ大綱」は左のとおり。

方針

一、帝国ハ今明年内ニ戦局ノ大勢ヲ決スルヲ目途トシ敵米英ニ対シ其ノ攻勢企図ヲ破摧シツツ速カニ必勝ノ戦略態勢ヲ確立スルト共ニ決勝戦力特ニ航空戦力ヲ急速増強シ主動的ニ対米英戦ヲ遂行ス

二、帝国ハ弥々独トノ提携ヲ密ニシ共同戦争ノ完遂ニ邁進スルト共ニ進ンテ対「ソ」関係ノ好転ヲ図ル

三、速ニ国内決戦態勢ヲ確立スルト共ニ大東亜ノ結束ヲ愈々強化ス

要領

一、万難ヲ排シ概ネ昭和十九年中期ヲ目途トシ米英ノ進攻ニ対応スヘキ戦略態勢ヲ確立シツツ随時敵ノ反攻戦力ヲ捕捉破摧ス
帝国戦争遂行上太平洋及印度洋方面ニ於テ絶対確保スヘキ要域ヲ千島、小笠原、内南洋（中西部）及西部「ニューギニア」「スンダ」「ビルマ」ヲ含ム圏域トス〈以下略〉

同日の会議で、「絶対確保スヘキ要域」つまり「絶対国防圏」が確認されたことが分かる。しかし、『独白録』が記している天皇の、「もう勝てないことが分かった」という内心はまったく記されていない。つまり『実録』では、天皇がこの時点で敗戦を覚悟したことは確認できない。もっとも天皇の顕彰を目的とする「正史」＝『実録』が、それを記さないのは当然ではある。なぜか。

『実録』が書かなかったこと

昭和一八（一九四三）年九月といえば「特攻」が始まるおよそ一年前、敗戦の二年前である。神ではなく人間である天皇に、戦時下の一～二年先が見通せるはずもない。そもそ

もそれは個人の能力を超えているし、すでに見たように陸海軍から正確な戦況が伝わってこなかったから、なおさらである。

独乙（ドイツ）への「国際信義」云々は、日本とドイツ、イタリアの日独伊三国同盟の規定を指す。しかし「スタンレー山脈を突破され」た一九四三年九月、イタリアは連合国に降伏した。さらに昭和天皇が「信義」を守ろうとしたドイツ自体が四五年五月、ヒトラー自殺後に降伏した。

大日本帝国は組むべきでなかった国と組んで破滅への坂を転がり落ちていった。しかし、同じ転落でも昭和天皇が勝ち目がないと分かった一九四三（昭和一八）年九月に講和（戦況からみて降伏だが）していれば、被害ははるかに少なかった。原爆投下も東京大空襲もシベリア抑留もなかったのだ。

実際の敗戦（一九四五年八月）より二年も前に敗戦を覚悟していたことを書けば、右記のように被害を拡大させた責任が浮き彫りになる。天皇を顕彰するために編まれる『実録』が、そんなことをするはずもない。

『実録』で降伏への意思が初めて伝わってくるのは一九四四（昭和一九）年九月二六日である。この二カ月前、サイパンなどマリアナ諸島が米軍に占領された。大日本帝国の「絶対国防圏」が破られ、敗戦は時間の問題となっていた。

〈内大臣木戸幸一をお召しになり、約二十分にわたり謁を賜う。天皇は、ドイツ屈服等の機会に名誉を維持し、武装解除又は戦争責任者問題を除外して和平を実現できざるや、領土は如何でもよい旨を述べられる。〔中略〕夕刻、内大臣は外務大臣重光葵に対し、天皇の和平に対するお考えを極秘事項として内話する。〉

記録上、昭和天皇がもっとも早く示した終戦構想である。

欧州戦線では、同盟国ドイツの敗勢は明らかであり、敗戦はそう遠くないとみられていた。それを潮に、連合国と和平を結ぼうという構想である。ドイツ屈服後の和平というのは、『独白録』が記す「国際信義」と呼応している。武装解除をせず、戦争責任追及を棚上げにしての「和平」を模索する姿は、その後の大日本帝国を思い起こすと哀れさがただよう。

敗戦を先延ばしにした理由

前述のように一九四四年七月、マリアナ諸島が米軍に占領され、「絶対国防圏」は破綻した。米戦略爆撃機B29による日本本土爆撃が確実となった。この時点で敗戦は必至であった。

一九四五（昭和二〇）年二月一四日。近衛文麿元首相が天皇に会い、戦争の見通しを述べた。

〈午前十時二十分より一時間にわたり、御文庫において元内閣総理大臣公爵近衛文麿に謁を賜う。近衛は自ら起草し、元駐英大使吉田茂と協議の上完成した上奏文に基づき奏上する。〉

近衛はいう。

〈戦局ノ見透シニツキ考フルニ、最悪ナル事態ハ遺憾ナガラ最早必至ナリト存ゼラル。以下前提ノ下ニ申上グ。

最悪ナル事態ニ立至ルコトハ我国体ノ一大瑕瑾タルベキモ、英米ノ輿論ハ今日迄ノ所未ダ国体ノ変更ト迄ハ進ミ居ラズ（勿論一部ニハ過激論アリ。又、将来如何ニ変化スルヤハ測断シ難シ）。随ッテ最悪ナル事態丈ナレバ国体上ハサマデ憂フル要ナシト存ズ。国体護持ノ立場ヨリ最モ憂フベキハ、最悪ナル事態ヨリモ之ニ伴フテ起ルコトアルベキ共産革命ナリ。

ツラツラ思フニ我国内外ノ情勢ハ今ヤ共産革命ニ向ッテ急速ニ進行シツツアリト存ズ。〉

意訳すれば

「最悪の事態＝敗戦は必至です。しかし現状、イギリス、アメリカ世論の大勢は日本の『国体』変更までは望んでいないようです。そのため敗戦だけならば『国体護持』についてさほど心配する必要はなさそうです。敗戦より心配すべきは、敗戦に伴って起こるかも知れない共産革命です。国内外の情勢はその革命に急速に向かっています。」

ということだ。

共産主義政権が誕生したら、君主制＝天皇制はあり得ない。天皇への近さによって権威や権力や経済的恩恵を享受している者たちにとっては、戦慄的な体制であり、敗戦よりも怖いものであったようだ。

近衛はさらに、警鐘を鳴らす。

〈国内ヲ見ルニ共産革命達成ノアラユル条件日々ニ具備セラレ行ク観アリ。即チ生活ノ窮乏、労働者発言権ノ増大、英米ニ対スル敵愾心昂揚ノ反面タル親ソ気分、軍部内一味ノ革新運動、之ニ便乗スル所謂新官僚ノ運動、及、之ヲ背後ヨリ操ル左翼分子ノ暗躍等ナリ。

〔中略〕抑々満洲事変・支那事変ヲ起シ、之ヲ拡大シ、遂ニ大東亜戦争ニ迄導キ来レルハ、是等軍部内一味ノ意識的計画ナリシコト今ヤ明瞭ナリト思ハル。〉

「共産主義の影響を受けた軍人たちが満州事変や日中戦争を起こし、『大日本帝国』を『大東亜戦争』に引きずり込んだ」、という。二一世紀の今日にも生きる「陰謀史観」に通じる議論である。
実際には、共産主義者は度重なる弾圧で壊滅状態にあったが、貴族筆頭の近衛の主観では、そうではなかったようだ。戦争への道を結果として推進した近衛にすれば、「共産主義者」の暗躍によって戦争が始まったほうが都合がよかったのかもしれない。近衛は「共産分子」をおどろおどろしく述べ、それに「無智単純ナル軍人」が扇動されている、として

〈以上ノ如ク国ノ内外ヲ通ジ共産革命ニ進ムベキアラユル好条件ガ日一日ト成長シツツアリ。今後戦局益々不利トモナラバ此形勢ハ急速ニ進展致スベシ。〉

という。では、その「共産革命」を避けるためにはどうすればいいか。このまま勝ち目のない戦争を続けていたら、「全ク共産党ノ手ニ乗ル」ことになる。国体護持のためには、「一日モ速ニ戦争終結ノ方途ヲ講ズベキ」とした。しかし「共産分子」に操られた軍人たちは敗戦を受け入れず国内は大混乱する。だから、まずそうした軍人らを排除すべきだ、とした。

〈少々希望的観測カハ知レザレドモ、モシ是等一味ガ一掃サルル時ハ、軍部ノ相貌ハ一変シ、英米及重慶ノ空気ハ或ハ緩和スルニ非ザルカ。元来英米及重慶ノ目標ハ日本軍閥ノ打倒ニアリト申シ居ルモ、軍部ノ性格ガ変リ、其ノ政策ガ改マラバ、彼等トシテモ戦争継続ニツキ考慮スル様ニナリハセズヤト思ハル。

ソレハ兎モ角トシテ、此ノ一味ヲ一掃シ軍部ノ建直ヲ実行スルコトハ、共産革命ヨリ日本ヲ救フ前提先決条件ナレバ、非常ノ御勇断ヲコソ望マシク存ジ奉ル。〉

「是等一味」＝共産主義者に操られた軍人たちを一掃すれば、米英中が戦争継続にこだわらなくなるかもしれない。それはともかく、一味を一掃することが共産主義革命から日本を救うことだ。近衛はそう伝えた。

具体的には、どうすればいいのか。天皇は問うた。

〈天皇は、国体護持をめぐる軍部の観測に対する近衛の所見、並びに粛軍のための陸軍人事につき御下問になる。近衛が、現勢力への反対者か、あるいは陸軍大将阿南惟

幾・同山下奉文のいずれかの起用を以てする粛軍の断行を奉答した〉

近衛は現在の陸軍執行部を更迭し、現執行部への反対者か、阿南惟幾《あなみこれちか》もしくは山下奉文《ともゆき》大将を起用すべき、とした。

ここで山下の名前が出てくることは、歴史の皮肉といえる。後にみるように、二・二六事件（一九三六年）の際、山下は反乱将校の自決のために「勅使」派遣を試みたが、昭和天皇は激怒し「此ノ如キモノニ勅使抔《など》、以テノ他ナリ」と断じた。

ともあれ、近衛による長々とした弁舌を要約すれば、陸軍の執行部を代えれば「国体」は保たれる、ということだ。驚くべき楽観ぶりである。

〈天皇は、今一度戦果を挙げなければ粛軍の実現は困難である旨の御感想を漏らされる。〉

もう一度戦果を挙げなければ、陸軍人事断行は難しい。天皇はそう述べた。

この近衛奏上は、『木戸日記』などによってすでに広く知られている。『実録』があえて長々と引用した意図は分からない。
その意図がどうであれ、陸軍人事で「国体護持」ができると信じていた貴族と、本土空襲が始まり、さらに拍車がかかることは確実で、同盟国ドイツの敗北も確実だった一九四五年二月の段階で「戦果」を挙げようとしていた天皇。その姿は「正史」によって歴史に刻印された。

『実録』にみる東京大空襲

大日本帝国の瓦解は確実に近づいていた。一九四五年三月九日から一〇日へと日付が変わる深夜、米軍の戦略爆撃機B29が「帝都」を襲った。「東京大空襲」である。

〈昨日午後十時二十分より警戒警報発令中のところ、この日午前零時十五分空襲警報発令につき、直ちに皇后と共に御文庫地下室に御動座になり、三時十五分まで過ごされる。御動座の間、侍従武官より我が軍の仏印に対する武力発動につき上聞を受けられる。

この日、米軍B29戦略爆撃機の攻撃により、下谷区・浅草区・本所区・城東区を始めとして帝都各地に甚大な被害が発生する。〉

わずか二時間程度の爆撃で、およそ一〇万人が死んだ。罹災者は一〇〇万人に及んだ。多数の遺体を通常のやり方で埋葬することはできず、都内各地に急いで「仮埋葬」した。この結果、ぼうだいな「無縁仏」が生じた。こうした庶民が蒙った被害について、『実録』は詳細には伝えない。

一方、皇室の被害については縷々《るる》伝えている。

〈宮城においては主馬寮事務所が全焼、御文庫屋上竹棚及び芝、吹上御苑広芝一帯、瓢池中の島御茶屋、観瀑亭前芝地、内苑南堤芝地、石置場堤上外側芝地、平川門立番所後方芝地に火災が発生する。

空襲により賀陽宮邸全焼につき、恒憲王・同妃敏子・治憲王・章憲王・文憲王・宗憲王・健憲王が宮城に避難し、十二日まで表拝謁ノ間に仮宿する。よって後日、天皇・皇后より賀陽宮に罹災の御見舞として金一万円を贈賜される。また、他の宮邸・離宮にも被害あり。山階宮邸東屋一棟、浜離宮内の御茶屋五棟が全焼、東久邇宮邸も延焼により罹災する。さらに、宮内大臣・内大臣の各官邸等が焼失する。なお、侍医塚原伊勢松は近く出産予定の稔彦王妃成子内親王を拝診のため、鳥居坂御殿に数日来勤務中、この日の空襲により私邸を焼失し、妻及び子女三名を喪うにつき、特に思召しを以て天皇・皇后より金三千円及び料理・菓子・缶詰を下賜される。〉

一〇万人の「臣民」が焼き殺されたあと、皇室では新たな命が誕生した。

〈午後一時二十分、盛厚王妃成子内親王は鳥居坂御殿において分娩し、男子が誕生する。天皇は御文庫において内大臣木戸幸一と御用談中、その報に接せられ、内大臣より祝詞の言上を受けられる。直ちに天皇・皇后より御使として皇后宮女官長保科武子を鳥居坂御殿に差し遣わし、稔彦王・同妃聰子内親王に三種交魚各一折〔代料〕を、盛厚王・同妃成子内親王に三種交魚各一折〔代料〕・菓子各二箱を新宮誕生の御祝として御贈進になる。〉

被害はあまりにも大きく、その全貌は戦後まで分からなかった。ともかく、天皇がその一端の報告を受けたのは同日午後三時である。

〈御文庫において陸軍大臣杉山元に謁を賜い、空襲被害状況等につき奏上を受けられる。四時、同所において内務大臣大達茂雄に謁を賜い、東京の被害状況等につき奏上を受けられる。なおこの日午後零時、大本営より、本日午前零時より二時四十分までの間、B29約百三十機を以て帝都に来襲、市街地を盲爆の結果、都内各所に火災を生じたが、宮内省主馬寮は二時三十五分、その他は八時頃までに鎮火した旨の発表あり。〉

罹災地への巡視

天皇は大空襲から八日後の三月一八日、被害を自分の目で見た。

〈去る十日の東京都内における空襲罹災地のうち、深川・本所・浅草・下谷・本郷・神田の各区を自動車にて御巡視になる。午前九時御出門、呉服橋より永代橋を進まれ、門前仲町を経て府社富岡八幡宮前において下車される。それより御徒歩にて参道を進まれ、九時十二分、本宮焼け跡前に仮設の御野立所に着御される。内務大臣大達茂雄・東京都長官西尾寿造・警視総監坂信弥・防空総本部次長熊谷憲一の奉迎あり。内務大臣は、卓上に設置の罹災地を朱色にて示した東京都白地図を利用し、被害状況等につき説明申し上げる。これに対して、復旧状況、及び被害者に対する処置につき御下問になり、救護措置については今後も万全を期するよう仰せになる。また、同所より付近の罹災状況を御眺望になる。九時二十五分、再び自動車に乗御、汐見橋・木場を経て東陽公園前において左折して北上し、小名木川橋上において下車され、約五分間にわたり周囲を御展望になる。さらに錦糸町を経て押上駅の手前において左折して西進され、駒形橋を渡り、田原町・稲荷町から上野駅前・仲御徒町・広小路町・湯島切通坂・昌平坂を御視察になる。御視察の間、沿道の片付けをする軍隊、焼け崩れた工場や家屋の整理に当たる罹災民に御眼を留められ、しばしば自動車を徐行せしめられる。その後、神田淡路町・小川町・美土代町・神田橋・大手町を進まれ、十時、還

東京大空襲後の被災地を巡視する昭和天皇。

幸される。途中、車中において侍従長藤田尚徳に対し、焦土と化した東京を嘆かれ、関東大震災後の巡視の際よりも今回の方が遥かに無惨であり、一段と胸が痛む旨の御感想を述べられる。左の御製あり。

戦のわざはひうけし国民をおもふこころにいでたちてきぬ〉

関東大震災は天災であり、東京大空襲は日本の為政者たちの作為と不作為、さらにはアメリカの為政者の人道に反した戦争犯罪行為による人災である。それゆえ、「東京大空襲」に関する限り、天災と人災を同列に論じてもあまり意味がない。

それはともかく、このとき、天皇が回った地域は、被害がもっとも多かった下町地域である。天皇の衝撃は大きかっただろう。「一段と胸が痛」んだだろう。

このときの巡視は、新聞にはあらかじめ知らされていたとみえる。深川の富岡八幡宮を歩く天皇の姿を撮影した写真が、翌日の「毎日新聞」に大きく掲載されている。陸軍の軍服姿の天皇。あたりは焼け野原だが、死体は写っていない。

東京大空襲による死者たち

しかし、『実録』が記さず、そして天皇が見なかったであろう、もっと悲惨な状況があった。

それを伝えるのは、たとえば『東京大空襲　救護隊長の記録』である。著者の久保田重則は医師で、被災者の救護に当たった。

短時間で生じたおびただしい数の遺体を、一体ずつ埋葬し、懇《ねんご》ろに弔うことはおよそ不可能であった。このため、被災地の公園や寺院、空き地などに急いで埋葬された。天皇が巡視したのは、そうした時期である。久保田の証言をみよう。

「そのうちに、近く、天皇が被爆地域を視察されるということが内々で関係方面に知らされた。そして、巡幸路から見えるところだけでも何とか片付けるようにと鞭撻され、昼夜兼行で巡幸路付近の死体の片づけがつづいた。」

「いちばん関係者の頭を悩ませたのは、竪川、大横川など多数の掘割りに浮く死体であった。おびただしい数が海に流れていったはずなのに、まだ沢山浮いているのである。消防隊の鳶口でひっかけて引き寄せておいて、ロープをかけて橋の上に引き上げるわけで、一体を運び上げるのに大変な手間がかかった。

こうして川いっぱいの死体をやっと引き上げると、翌日の満潮時には、また川いっぱいに死体が浮かぶ。作業員たちはくたくたになって重い死体を、ようやく片づけると、その翌日の満潮時には、また川いっぱいの死体で、一体どこから来るのか皆目わからない死体の攻撃に死体収容関係者は悪戦苦闘を続けた。

こうして三月十七日の夜までかかって、天皇の目につくところだけは、何とか片付けたというわけである。」

天皇巡視の写真に死体が写っていなかったのは、久保田らによるこうした尽力があればこそであった。

天皇の巡視路にも、たくさんの死体があった。それはどうなったのか。『実録』は当然のごとく沈黙している。久保田の前掲書をみよう。

「しかし、そのほかの広大な地域に散乱している無数の死体の処理は、遅々としてはかどらず、ついには、都内各所の荒れた窪地や湿地、さらには、ちょっとした空き地に穴を掘って多くの死体が投げ込まれ、土砂をかぶせられていったのである。」

戦後、東京都は三年間かけてこれらの遺体およそ八万体を掘り起こした。しかし、ほとんどは身元が分からなかった。それらの遺骨は東京・両国の慰霊堂に安置されている（『遺骨　戦没者三一〇万人の戦後史』）。戦後七〇年が過ぎ、八万柱の身元が分かり、遺族がみつかり、遺骨が引き取られることはおそらくないだろう。つまり大量の「無縁仏」は永遠に「無縁仏」でありつづける。『実録』を読んでいるだけでは、分からない現実である。

4 和平工作の挫折

梅津参謀総長の満州報告

『昭和天皇独白録』は、敗戦受け入れへの経緯を以下のように伝えている。

「梅津美治郎〔参謀総長〕は会議〔一九四五年六月八日の「御前会議」〕の翌日満州から帰つて来たが、その報告に依れば、支那にある我が全勢力を以てしても、米の八ケ師団にしか対抗出来ぬ状態であるから、若し米が十ケ師団を支那に上陸させたら、到底勝算はないと語つた。梅津がこんな弱音を吐くことは初めてゞあつた。」

満州の守備は関東軍があたっていた。関東軍とは一九一九年、日本が日露戦争（一九〇四～〇五）で得た満州における権益を守るために創設された。中国関東州と満州に駐屯した日本陸軍の総称である。

対米戦争開戦前、ソ連が大日本帝国の同盟国であるドイツに押しまくられていたころは、ソ連との国境付近に七〇万もの関東軍が集結した。「関東軍特種演習」である。「演習」とはいうものの、情勢次第ではソ連に攻め込むことも想定していた。

だがソ連は踏みとどまり、結局、関東軍が攻め込むことはなかった。

このころの関東軍は「無敵」と言われていた。しかし戦局が悪化するにつれて、精鋭部隊は次々と引き抜かれて南方などの激戦地に向かった。昭和天皇が梅津から報告を受けた時点では、かつての精鋭は見る影もなかった。

ソ連参戦が確実視されていた一九四五年夏。関東軍はいなくなった兵士たちの穴を埋めるため、満州にいた一八歳から四五歳までの男性邦人約二〇万人を召集することを決めた。「根こそぎ動員」と呼ばれる。

四五歳といえば、当時の感覚では完全な「老兵」である。その「老兵」らを大急ぎで集めても、満足な兵器がなかった。たとえば当時の日本陸軍の主力小銃は「三八式歩兵銃」だ。四〇年も前の明治三八（一九〇五）年に採用されたこの旧式銃さえ、前線に行き渡っていなかった。満州国の首都、新京では召集令状に出刃包丁とビール瓶二本を持ってくるように、と記されていた（『シベリア抑留　未完の悲劇』）。

出刃包丁は「白兵戦」を想定してのことだろう。ビール瓶は火炎瓶を造るためのものである。おびただしい戦車群を中核に、最新式の自動小銃で武装したソ連兵に太刀打ちできるはずもなかった。

このように、空襲がなく内地に比べれば比較的落ち着いていた満州にして、大日本帝国はとても近代戦を遂行する力はなかった。空襲で生産拠点をめちゃめちゃにされた本土はなおさらである。

軍部の虚偽の報告に気づいていた天皇

しかし陸軍参謀本部や海軍軍令部から天皇に上がってくる報告は、実情を正しく伝えていなかった。天皇はそれに気がついていたようだ。

『実録』の一九四五年六月一二日、以下の一文がある。

〈表拝謁ノ間において海軍戦力査閲使長谷川清に謁を賜い、第一回・第二回の戦力査

閲に関する復命を受けられる。〉

長谷川清（一八八三〜一九七〇年）は福井県出身。敗戦前、天皇の命を受けて三カ月にわたり前線を視察し、天皇に実情を伝える重要な役割を付されていた。『実録』には長谷川が何をいったかは記されていない。『独白録』をみてみよう。

「一方国内の軍需生産状態はどうかと云ふと次の様な貧弱さである、軍需工業の視察特命使として、米内が長谷川〔清・海軍〕大将を派遣したことがあるが、その視察報告によると、一日五十本の魚雷を作つてゐた工場がたつた一本しか出来ぬ有様、海軍の所用魚雷を是非とも作らうとすれば、陸軍の工場迄も全部海軍に廻さねばならぬと云ふ、かくなつては国は守れぬと私は思つた。」

このころ、天皇は陸軍大将である皇族、東久邇宮《ひがしくにのみや》からも報告を受けた。

「海岸地方の防備が悪いといふ事であつたが、報告に依ると、海岸のみならず、決戦師団さへ、武器が満足に行き渡つてゐないと云ふことだつた。敵の落とした爆弾の鉄を利用して『シャベル』を作るのだと云ふ、これでは戦争は不可能だと云ふ事を確認した。」

もともと、日米関係が悪化する前、日本は戦略物資、たとえば鉄や石油などをアメリカからの輸入に頼っていた。中国や東南アジア侵略を進めた結果、アメリカが経済制裁を強めたため戦争に突入したのは、よく知られている通りである。そのアメリカが落とした爆弾をシャベルに転用するというのは、戦前のもともとの姿に帰ったといえなくもない。

ところで、「歴史にＩＦは禁物」ともいわれるが、筆者はその立場をとらない。史実に「もしも」という思考を働かせることによって、為政者たちの作為なり不作為なりの意味が、立体的に見えてくるからだ。「もしも」は有効かつ有用な思考実験である。

天皇が「シャベル」に象徴される日本軍の実情を知り、「戦争は不可能だと」悟ったのは、敗戦の二カ月前のことだ。すでに東京や大阪、名古屋など主要都市は焼け野原になっていた。繰り返しになるが、降伏していれば広島、長崎の原爆はなかった。シベリア抑留もなかった。

泥棒に鍵を渡すようなソ連頼みの和平

一九四四年一一月六日。ソ連の独裁者、スターリンは演説のなかで日本を「侵略国」として批判した。その件で同月二二日、天皇は重光葵外相の内奏を受けた。

〈重光より、我が国を侵略国と規定したソ聯邦首相スターリンの去る六日の演説をめぐる駐ソ大使佐藤尚武とソ聯邦外相モロトフとの会談につき内奏を受けられる。〉

天皇が何を聞き、重光が何を話したのかは分からない。

断末魔の大日本帝国は、連合国との和平の仲介役をソ連に期待していた。交渉役に選ばれたのが元首相の広田弘毅《こうき》である。元駐ソ大使で、「ソ連通」として知られていた。

広田は一九四五年二月九日午前一〇時一五分、天皇に拝謁して言った。

〈ロシヤハ戦局有利トナルニ連レテ自由ノ立場ヲトリタシトノ気持ガ強クナリ、其ノ有利ノ時ニ於テ過去ノ失地失権ノ回復、国内疲弊ノ復旧ニ対スル考ハ当然ニ起ルベク、之ガ為ニハ英米ノ物資利用…之ガ代償トシテハ英米ニ傾ク、自然日本ニ対シテハ強硬態度ヲ示シツツアリト見ラル。〉

日ソ中立条約を結んではいるが、ソ連は欧米寄りに傾き、日本へは強い態度をとろうとしている。こうした広田の見立ては正しかった。

ソ連は四月五日、日本に中立条約を延長しない旨を伝えてきた。『実録』によれば翌六日、天皇は重光葵《まもる》外相からソ連の不延長通告を聞いている。

その後もソ連頼みは続いた。広田は政府の意向と期待を背負って六月三日と四日、箱根の強羅ホテルに駐日ソ連大使マリクを訪問し、交渉を開始する。

六月二二日、天皇は、鈴木貫太郎首相、東郷茂徳《しげのり》外相、阿南惟幾《あなみこれちか》陸相、米内光政《よないみつまさ》海相、梅津美治郎《よしじろう》参謀総長・豊田副武《そえむ》軍令部長を招いた。その席で言った。

〈戦争の終結についても速やかに具体的研究を遂げ、その実現に努力することを望む旨を仰せになり、各員の意見を御下問になる。首相より戦争終結の実現を図るべきこと、ついで海相より戦争の終結に関して我が方に有利な仲介をなさしめる目的を以て日ソ両国間に協議を開始すべきこと、また〔東郷茂徳〕外相はソ聯邦に対する代償及び講和条件については相当の覚悟を要すべきこと〉

などと述べた。

天皇はソ連との交渉を促した。広田は東京に戻ったマリクに会おうとしたが、ソ連側が応じなかった。

同月二九日。

〈夜皇后と共に観瀑亭・丸池付近にお出ましになり、蛍を御覧になる。〉

天皇がホタルを観賞したこの日、広田は東京のソ連大使館を訪れ、マリクに連合国との和平の仲介役の「謝礼」として、「満州国の中立化、終戦後の撤兵」などを示したが、マリクは本国に伝える旨だけを答えた。その後広田が会見を申し入れても、「病気」を理由に応じなかった（『シベリア抑留　未完の悲劇』）。

当時の駐ソ大使は佐藤尚武《なおたけ》。戦後、この間の対ソ連交渉を厳しく批判している。「あの急迫した時代に、六月いっぱいもの長時間をかけてソビエト側と無益の交渉をしていた」（『回顧八十年』）。

佐藤の適確な批判を、『実録』は取り上げていない。ソ連に仲介役を期待して日本の内実を知らせることは、泥棒に自宅の鍵を渡すようなものだ。大日本帝国の落日が近づいていた。

近衛特使派遣を巡る交渉

七月一二日。

〈午後二時四十七分、表拝謁ノ間に出御され、公爵近衛文麿に謁を賜い、時局終結に関する意見を御下問になり、近衛より速やかな戦争終結を要する旨の奉答を受けられる。また近衛に対し、対ソ特使を委任するやもしれないため、心得置くべき旨の仰せあり。終わって、内大臣をお召しになり、近衛の拝謁時の模様をお話しになる。〉

天皇は早期和平を訴えていた近衛に、対ソ特使にするかもしれないと伝えた。

〈本日午後八時五十分、外務大臣東郷茂徳は駐ソ大使佐藤尚武に対し、左のとおり緊急の館長符号電報を発送する。

「モロトフ」トノ会談電報ニ接セス従テ偵察充分ナラスシテ兵ヲ進ムル嫌アルモ此際更ニ歩武ヲ進メ三国会談開始前ニ「ソ」側ニ対シ戦争ノ終結ニ関スル大御心ヲ伝ヘ置クコト適当ナリト認メラルルニ付テハ左記趣旨ヲ併セ直接「モロトフ」ニ説明セラレ度

「天皇陛下ニ於カセラレテハ今次戦争カ交戦各国ヲ通シ国民ノ惨禍ト犠牲ヲ日々増大セシメツツアルヲ御心痛アラセラレ戦争カ速カニ終結セラレムコトヲ念願セラレ居ル次第ナルカ大東亜戦争ニ於テ米英カ無条件降伏ヲ固執スル限リ帝国ハ祖国ノ名誉ト生存ノ為一切ヲ挙ケ戦ヒ抜ク外無ク之カ為彼我交戦国民ノ流血ヲ大ナラシムルハ誠ニ不本意ニシテ人類ノ幸福ノ為成ル可ク速カニ平和ノ克服セラレムコトヲ希望セラル」〉

「三国会談」とは、米英ソの首脳が集まって戦争終結と戦後処理の方針を話しあった「ヤルタ会談」である。東郷外相は佐藤駐ソ大使に、そのヤルタ会談前にモロトフソ連外相に会い、天皇の「大御心」を伝えろと指示した。「大御心」の内容は「今回の戦争では各国の国民の犠牲が増大しており、心を痛めている。速やかに戦争を終結したいと願っているが、米英が大日本帝国の無条件降伏に固執する限り、帝国は戦い抜く。交戦国民の流血が増えるのは不本意であり、人類の幸福のため速やかな平和を希望している」ということである。

〈尚右大御心ハ民草ニ対スル仁慈ノミナラス一般人類ノ福祉ニ対スル御覚召ニ出ツル次第ニシテ右御趣旨ヲ以テスル御親書ヲ近衛文麿公爵ニ携帯セシメ貴地ニ特派使節トシテ差遣セラルル御内意ナルニ依リ右ノ次第ヲ「モロトフ」ニ申入レ右一行ノ入国方ニ付大至急先方ノ同意ヲ取附ケラルル様致サレ度（右一行ノ氏名ハ追テ電報スヘシ）尚又同使節ハ貴地首脳部カ三国会談ニ赴ク前ニ貴地ニ到着スルハ不可能ナルモ其ノ帰国后ハ直ニ面談ノコトニ取運フ要アルニ付成ルヘク飛行機ニヨルコトト致度先方飛行機ヲ満州里又ハ「チチハル」迄乗リ入ルル様御取計ヲ得タシ〉

「『大御心』を記した親書を近衛に持たせて、ソ連に派遣することをモロトフに伝え、大至急同意を得てくれ。ヤルタ会談の前にそちらに行くことは不可能だろうが、モロトフが帰国したらすぐに会えるよう取りはからってくれ。」

おぼれる大日本帝国が、ソ連という藁にすがっている様子を、『実録』は伝えている。

七月一八日。

〈御文庫において外務大臣東郷茂徳に謁を賜い、昨十七日ポツダムにおいて開催の米英ソ三国首脳会談（いわゆるポツダム会談）に対する所見、並びにソ聯邦に対する施策につき奏上を受けられる。その際、ソ聯邦への特使派遣の申入れがソ聯邦首脳部に届いたや否やにつき御下問になる。外相より去る十三日午後五時に駐ソ大使より同国外務次官に申し入れたため、十四日午後ポツダムへ向けてモスクワを出発のスターリン及びモロトフ両名に届いたことは明瞭と認められる旨の奉答を受けられる。これに対して、その結果如何は相手次第であり、日本の運命によっても決せられるにつき、是非もないが、ポツダム会談前に我が方の申し出を先方に間に合うよう伝え得たことは誠に結構である旨の御言葉あり。〉

天皇は近衛特使派遣の申し入れが、ソ連に届いたどうかを問いただし、届いた旨を聞いて安心したことが分かる。

だが二一日、ソ連からは近衛特使受け入れを拒否する回答が届いた。具体的に何をいいたいのか分からない、というけんもほろろの内容であった。そこで、またもや佐藤駐ソ大使に打電した。

〈近衛特派使節ノ使命ハ大御心ヲ体シ「ソ」聯政府ノ尽力ニ依リ戦争ヲ終結セシムル様斡旋ヲ依頼シ此ニ関スル具体的意図ヲ開陳スルト共ニ戦時及戦后ヲ通シ帝国外交ノ基本タルヘキ日「ソ」間協力関係樹立ニ関スル事項ヲ商議スルニ在リ右「ソ」側ニ申入レ「ソ」聯政府カ特使派遣ニ同意スル様御努力相成度〉

じつは、陸軍はソ連参戦の時期を早ければ一九四五年夏と予想していた。その陸軍中枢が、ソ連に仲介役を期待する天皇をどうみていたか、『実録』は伝えていない。

5 ポツダム宣言の受諾

「ポツダム宣言」の発表と「黙殺」

七月二六日、アメリカ、イギリス、中国は日本に降伏を勧告した（「ポツダム宣言」）。以下、二七日の『実録』で骨子を見よう。

〈日本国国民ニ対スル先例ヲ極メテ明白ニ示スモノナリ現在日本国ニ対シ集結シツツアルカハ抵抗スル「ナチス」ニ対シ適用セラレタル場合ニ於テ全「ドイツ」国人民ノ土地、産業及生活様式ヲ必然的ニ荒廃ニ帰セシメタルカニ比シ測リ知レザル程更ニ強大ナルモノナリ〉

去る五月、連合軍はナチス・ドイツを壊滅させていた。それよりもっと強い力で日本に

襲いかかるぞ、と日本に降伏を促す。そのうえで、①植民地解放、②武装解除、③捕虜虐待など戦争犯罪人の処罰などに加えて、

〈前記諸目的ガ達成セラレ且日本国国民ノ自由ニ表明セル意思ニ従ヒ平和的傾向ヲ有シ且責任アル政府ガ樹立セラルルニ於テハ聯合国ノ占領軍ハ直ニ日本国ヨリ撤収セラルベシ〉

とした。列挙したことが達成されれば、占領軍は撤去する、という。

最後はまた恫喝《どうかつ》だ。

〈十三、吾等ハ日本国政府ガ直ニ全日本国軍隊ノ無条件降伏ヲ宣言シ且右行動ニ於ケル同政府ノ誠意ニ付適当且充分ナル保障ヲ提供センコトヲ同政府ニ対シ要求ス右以外ノ日本国ノ選択ハ迅速且完全ナル壊滅アルノミトス〉

天皇はこのポツダム宣言をみた後、「御文庫」で東郷茂徳と会った。

〈午前十一時十分より同五十五分まで、御文庫において外務大臣東郷茂徳に謁を賜い、対ソ交渉の経過、英国総選挙の結果につき奏上を受けられる。また外相より、ポツダム宣言の詳細な内容、同宣言に対する我が方の取り扱いは国内外共に慎重を要すること、殊に宣言の受諾を拒否する如き意思の表示は重大な結果を惹起する懸念があり、なお戦争の終結についてはソ聯邦との交渉を見定めた上で措置することが適当と思考する旨の奏上あり。〉

この段になっても、頼むべきはソ連であった。『実録』は、この情けなくも事実である歴史を、ここでは記している。

〈午後、御文庫に内大臣木戸幸一をお召しになり、五十分以上にわたり謁を賜う。午後二時より開催の閣議は、目下対ソ交渉中につき、ポツダム宣言に対しては何ら意思表示をせず、事態の推移を注視すること、宣言については特に国民の戦意低下が憂慮される文句を削除して発表し、政府の公式見解は発表せず、新聞にはなるべく小さく調子を下げて取り扱うよう指導すること等を申し合わせる。午後七時、ニュースにてポツダム宣言の内容が発表され、翌二十八日の各紙朝刊に宣言の要約が掲載される。しかるに、軍部側の強い要請を受けた首相は、二十八日午後四時に開催の定例記者会見における質問に対し、同宣言がカイロ宣言〔昭和十八年十二月一日発表の米英支三国首脳による声明〕の焼き直しであり、政府としては何ら重大な価値あるものとは考えず、ただ黙殺するのみにして、戦争完遂にあくまでも邁進する旨を回答する。〉

大日本帝国にとって、敗戦を受け入れる好機であった。しかし、ソ連に仲介をきたしているなかで「黙殺」を表明した。

原爆投下とソ連参戦

頼むべきでない仲介役を依頼している間、国民の被害は増えていった。

八月六日。広島に原爆が投下された。

〈六日　月曜日　午前、内大臣木戸幸一をお召しになる。

宮内大臣石渡荘太郎に謁を賜う。
午後七時五十分、侍従武官長蓮沼蕃に謁を賜う。これより先の午後七時過ぎ、海軍省より電話を以て侍従武官府に対し、呉鎮守府の情報として本日午前八時頃、広島市上空に来襲の米軍爆撃機より特殊弾攻撃を受け、市街の大半が倒潰、第二総軍参謀李鍝公を含む軍関係者が死傷するなど、被害甚大である旨の通報あり。また侍従武官府は第一総軍より、大爆発に続いて市内に大火災が発生し、午後二時現在、なお延焼中との情報を入手する。なお翌七日午前一時三十分頃、同盟通信社は、米国大統領及び英国首相の声明として、八月六日広島に原子爆弾を投下した旨の米英両国の放送を傍受する。〉

原爆で廃墟となった広島の産業奨励館（原爆ドーム）。

この年だけで一四万人が死んだ原爆について、『実録』の記述は簡潔である。
九日未明、ソ連が満州国との国境を破って侵攻してきた。敵との仲介の行司役を期待していた相手が、敵側になって攻めてきたのだ。満州でかつては「無敵」といわれた「関東軍」の主力は南方などに移動していたため、一五〇万人に及ぶ民間邦人を守ることはできなかった。引き揚げ途中の大量の死者、あるいは中国残留孤児、シベリア抑留は、このソ連参戦によって生じた被害である。同日の『実録』は記す。

〈午前九時五十五分、御文庫に内大臣木戸幸一をお召しになる。内大臣に対し、ソ聯邦と交戦状態突入につき、速やかに戦局の収拾を研究・決定する必要があると思うため、首相と十分に懇談するよう仰せになる。〉

天皇はようやく、敗戦を決意した。

〈十時五十五分、再び御文庫に内大臣をお召しになる。内大臣は、首相より本日午前十時三十分に開催の最高戦争指導会議においてポツダム宣言に対する態度を決定したきことを聴取した旨を言上する。〉

『実録』によれば、天皇が長崎原爆の一報を聞いたのは、この日の午後である。

〈午後一時四十五分より二時五分まで、御文庫において陸軍大臣阿南惟幾に謁を賜う。陸相は二時三十分開会の閣議において、本日午前十一時三十分、長崎に新型爆弾が投下されたことを報告する。なお、午後二時四十五分、西部軍管区司令部より、本日午前十一時頃、敵大型機二機が長崎市に侵入し、新型爆弾らしきものを使用したこと、詳細は目下調査中なるも、被害は比較的僅少の見込みである旨の発表あり。〉

天皇が敗戦を決意したのはいつだったか、これまではさまざまな説があった。しかし『実録』によれば、それはソ連参戦を知った時点であった。天皇は木戸に対して、「戦局の収拾につき急速に研究決定の要ありと思ふ故、首相と十分懇談するよう」と指示した（『木戸日記』）。

「聖断」下る〜敗戦

〈〔九日〕午後一時三十分、内閣総理大臣鈴木貫太郎は内大臣木戸幸一を訪問し、本日午前十時三十分から午後一時にかけて開催された最高戦争指導会議構成員会議において、天皇の国法上の地位存続、日本軍の自主的撤兵及び内地における武装解除、戦争責任者の自国における処理、保障占領の拒否を条件にポツダム宣言を受諾することに決定した旨を告げる。首相の発言は、内大臣から公爵近衛文麿、高松宮御用掛細川護貞を経由して宣仁親王に伝達される。〉

軍部や内閣は「ポツダム宣言」のうち、①天皇の国法上の地位存続、つまり「国体」が護持されること、②日本軍が撤兵と武装解除、戦争責任者の処理をすること、すなわちこの点では連合軍の干渉を受けないこと、③連合軍による占領の拒否を条件に、同宣言を受け入れることを案を、木戸を通じて天皇に伝えたのだ。

この条件をつけることを主張したのは阿南惟幾陸相である。東郷茂徳外相は「国体護持」

以外の条件を付けることに反対した。

〈多数の閣僚は外務大臣の主張に賛成するも結論に至らず、九時に閣議は一旦散会する。〉

日付がかわって一〇日午前零時三分、御文庫附属室で最高戦争指導会議が開かれ、天皇が臨席した。出席者は、鈴木貫太郎首相、平沼騏一郎《きいちろう》枢密院議長、米内光政海相、阿南陸相・東郷外相、梅津美治郎参謀総長、豊田副武軍令部総長、吉積正雄陸軍省軍務局長、保科善四郎海軍省軍務局長、池田純久綜合計画局長官、迫水久常《さこみずひさつね》内閣書記官長。蓮沼蕃侍従武官長が陪席した。

そこでは東郷案と阿南案が対立し、結論が出なかった。そこで議長の鈴木首相が「聖断」を仰ぎたいと申し出た。天皇は東郷案を採用した。有名な一回目の「聖断」である。

理由は、

〈従来勝利獲得の自信ありと聞くも、計画と実行が一致しないこと、防備並びに兵器

の不足の現状に鑑みれば、機械力を誇る米英軍に対する勝利の見込みはないことを挙げられる。〉

この部分の典拠は『木戸日記』である。「本土決戦と云ふけれど、一番大事な九十九里浜の防備も出来て居らず、又決戦師団の武装すら不充分にて、之が充実は九月中旬以降となると云ふ。飛行機の増産も思う様には行つて居らない。いつも計画と実行とは伴はない。之でどうして戦争に勝つことが出来るか」と述べた。

正論である。しかし遅すぎた。

「聖断」に基づき、中立国であるスイス、スウェーデン政府を通じて連合国に通達した。「天皇ノ国家統治ノ大権ヲ変更スルノ要求ヲ包含シ居ラサルコトノ了解ノ下ニ帝国政府ハ右宣言ヲ受諾ス」という、条件付きの受諾であった。

アメリカの回答は一二日未明、短波ラジオで放送された。バーンズ国務長官名義での回答で「バーンズ回答」と呼ばれる。正式な回答文は同日午後六時四〇分、外務省に到着した。その肝は「最終的ノ日本国政府ノ形態ハ『ポツタム』宣言ニ遵ヒ日本国国民ノ自由ニ表明スル意思ニ依リ決定セラルヘキモノトス」。

天皇の地位や「国体」護持の保障をしていない。このため、梅津参謀総長と豊田軍令部総長が反発し、同宣言を受け入れるべきではないと主張した。

一三日午前九時、「バーンズ回答」への対応を決めるべく、最高戦争指導会議構成員会議が開かれた。「すぐに受諾すべき」という鈴木首相、東郷外相、米内海相と連合国に再照会すべきとする阿南陸相、梅津参謀総長、豊田軍令部総長が真っ向から対立し、まとまらなかった。

『実録』によれば会議が終わった後、午後二時二〇分、天皇は御文庫で東郷外相に対して、即時受諾を支持する旨を伝え、鈴木首相にも伝えるよう指示した。つまり、天皇はこのあとの二回目の「御前会議」の前に、自分の意思を伝えていたのだ。

結局、この日は結論が出なかった。

一四日朝。米軍機が「バーンズ回答」の翻訳文を「伝単《でんたん》」(ビラ)で散布していることを知った木戸は、天皇にそのことを伝えた。このころ、陸軍の一部で不穏な空気、クーデターの気運が広がっていた。

〈前夜、陸相阿南惟幾は陸軍省軍務局軍事課長荒尾興功ほか陸軍将校五名よりクーデター計画を聴取し、その決行につき具申を受ける。この日午前七時、陸相は軍事課長とともに参謀総長に対し、本日午前十時より開催予定の御前会議の際、隣室まで押しかけ、侍従武官をして天皇を御居間に案内せしめ、他者を監禁せんとするクーデター計画（兵力使用第一案）の決行につき同意を求めるが、参謀総長は宮城内に兵を動かすことを非難し、全目的に反対する。〉

天皇から即時講和派を引きはがし、徹底抗戦を続ける計画である。阿南陸相はこれに乗ったが、梅津は拒否した。

二度目の「聖断」

天皇は一四日午前一〇時、御文庫にいずれも元帥の陸軍大将杉山元《はじめ》、畑俊六、海軍大将永野修身《おさみ》を呼んだ。天皇が終戦、つまり敗戦の意思を伝えた。陸海軍に対する、天皇の根回しといっていい。

〈永野・杉山より、それぞれ国軍はなお余力を有し、志気旺盛につき、抗戦して上陸する米軍を断乎撃攘すべき旨の奉答をお聞きになる。〉

この期に及んで、「余力を有し」「志気旺盛」といいはるのは、天皇が知っていた前線の実情を知らないか、知らない振りをしていたのだろう。

このとき第二総軍の司令官で、西日本の防衛を担当していた畑は、自分が担当する地域の防御では敵を撃退できない。ポツダム宣言の受諾はやむを得ないが、交渉で少なくても一〇個師団は親衛隊として残すように交渉すべきだ、と答えた。浮世離れした永野、杉山に比べれば、畑はまだまともである。

天皇は三人に戦争終結に協力するよう求めた。

午前一一時二分。御前会議が始まった。梅津参謀総長、阿南陸相、豊田軍令部総長の三人は前回の御前会議と同じく「バーンズ回答」について連合国への再照会、つまり当面の戦争継続を主張した。鈴木首相、東郷外相、米内海相は引き続き即時講和を訴えた。天皇は即時講和を支持した。二度目の「聖断」である。

戦争継続派が心配する「国体護持」について、天皇の発言を『実録』にみよう。

〈我が国体については外相の見解どおり先方も認めていると解釈する。〉

「国体は護持される」と、天皇は言ったのだ。さらに言葉を継ぐ。

〈敵の保障占領には一抹の不安なしとしないが、戦争を継続すれば国体も国家の将来もなくなること、これに反し、即時停戦すれば将来発展の根基は残ること、武装解除・戦争犯罪人の差し出しは堪え難きも、国家と国民の幸福のためには、三国干渉時の明治天皇の御決断に倣い、決心した旨を仰せられ、各員の賛成を求められる。また、陸海軍の統制の困難を予想され、自らラジオにて放送すべきことを述べられた後、速やかに詔書の渙発により心持ちを伝えることをお命じになる。〉

一二時前、御前会議は終了。世の中に広く知られている二度目の「聖断」である。長い『実録』のなかでもハイライトシーンの一つだ。平和を導き寄せた天皇の決断。そういう物語を際立たせるこのシーン、御前会議の開始から終了までの二時間を描くために、『実録』はじつに四七もの典拠を挙げている。

天皇はこの日、空襲警報発令中の夜一一時二五分、皇居内の政務室に出向いた。そこで「朕深ク世界ノ大勢ト帝国ノ現状トニ鑑ミ非常ノ措置ヲ以テ時局ヲ収拾セムト欲シ茲《ここ》ニ忠良ナル爾《なんじ》臣民ニ告ク　朕ハ帝国政府ヲシテ米英支蘇四国ニ対シ其ノ共同宣言ヲ受諾スル旨通告セシメタリ……」で始まる「大東亜戦争終結に関する詔書」を朗読し、録音された。「玉音放送」である。一五日午前〇時五分、録音を終えた天皇が御文庫に帰った。

陸軍には敗戦を受け入れられない軍人が依然としており、「玉音放送」の妨害を試みたが失敗した。

かくして、大日本帝国の敗北は決まった。軍事的には、一九四四年七月にマリアナ諸島が陥落した時点で敗戦は決定的であった。その後もフィリピン、沖縄まで失っても絶望的な戦争を続けた。

原爆を落とされた後でさえ、ポツダム宣言を受け入れるか否かをめぐって軍人や宮中政治家らが長々と話し合っている間も、国民の被害は拡大していた。

たとえば埼玉県・熊谷。天皇が「玉音放送」を録音している一四日午後一一時半ごろ、B29およそ九〇機が襲った。非戦闘員を狙った爆撃で二六六人が亡くなった。

『実録』は、上記のようにポツダム宣伝受諾までをめぐる経緯は縷々記しているが、こうした、敗戦間際に「国体護持」にこだわった結果生じた個別の犠牲についてはまったく書いていない。

第4章

そぎ落とされた肉声

史料から学ぶべきことは、そこに書いてあることだけではない。「何が書かれていないか」を知ることによって、その史料の性格、書き手の意思が浮き彫りになる。その場合、書かれていない重要なことを、読み手が把握していなければならない。読み手の力量が問われる。本章では『実録』に書かれていない重要なことに、光を当ててゆく。

1 二・二六事件

青年将校のクーデター

一九三六（昭和一一）年二月二六日。陸軍皇道派の青年将校が「昭和維新」を目指し、歩兵第一、第三連隊の下士官や兵およそ一四〇〇人を率いて蹶起《けっき》した。背景には、陸軍内における統制派と皇道派の対立があった。首相官邸などを襲撃、斎藤実《まこと》内大臣、高橋是清《これきよ》蔵相、渡辺錠太郎《じょうたろう》教育総監らを殺害し、永田町一帯を占拠した。翌二七日に戒厳令が敷かれ、二九日に鎮圧された。非公開の特設軍法会議の結果、反乱将校一三人など一九人が処刑された。近現代日本史上、最大のクーデター未遂事件である。

『昭和天皇独白録』には、この事件について「私は田中内閣の苦い経験（「満州某重大事件＝張作霖爆殺事件」の処理について田中義一首相を天皇が厳しく叱責、総辞職に追い込んだ件）があるので、事をなすには必ず輔弼《ほひつ》の者の進言に俟《ま》ち又その進言に逆はぬ事にしたが、この時と終戦の時との二回丈けは積極的に自分の考を実行させた」とある。「自分の考」とはつまり、討伐であり鎮圧であった。以下、『実録』と新出の史料から事件をみてゆこう。

天皇は当初から鎮圧を指示

〈水曜日　この日未明、第一師団・近衛師団管下の一部部隊が、侍従長官邸・総理大臣官邸・内大臣私邸・大蔵大臣私邸・教育総監私邸・前内大臣宿舎（湯河原伊藤屋旅館）等を襲撃し、警視庁・陸軍大臣官邸等を占拠する事件が勃発する。

午前五時四十五分、当番侍従甘露寺受長は、当番高等官宮内事務官高橋敏雄（大臣官房総務課書記官）より、侍従長官邸が軍隊に襲われ侍従長鈴木貫太郎が重傷を負った旨の連絡を、続いて、内大臣私邸が襲撃され内大臣斎藤実が即死した旨の連絡を受ける。六時頃、甘露寺は皇后宮女官長竹屋志計子を通じ、御目覚めを願う旨を言上する。ついで、各所に電話連絡し総理大臣官邸等の襲撃につき情報を得る。六時二十分、御起床になり、甘露寺より事件の報告を受けられる。午前六時五十五分、宮内大臣湯浅倉平に謁を賜う。午前七時十分、侍従武官長本庄繁に謁を賜い、事件発生につき恐懼に堪えない旨の言上を受けられる。これに対し、事件の早期終息を以て禍を転じて福となすべき旨の御言葉を述べられる。また、嘗て武官長が斯様の事態に至る憂慮を言上したことにつき触れられる。以後、頻繁に武官長をお召しになり、事件の成り行きを御下問になり、事件鎮圧の督促を行われる。御格子までの間、武官長の拝謁は十四回に及ぶ。〉

警視庁を占拠する決起部隊。
(1936年2月26日撮影)

天皇が事件を知ったのは午前六時二〇分であった。およそ一時間後、「早期終息」すべきことを、侍従武官長本庄繁に伝えた。すなわちそれは、反乱軍鎮圧であった。

本庄は、歩兵第一連隊にいた山口一太郎大尉の義父である。本庄は決起した青年将校らに同情的であった。それにしても一四回も天皇に呼び出され、「鎮圧」を催促された本庄の苦悩はいかほどだっただろうか。山口は、反乱軍が第一連隊を出た夜の週番司令であり、その「出動」を助けた。事件後の軍事裁判で無期禁固となった。

さて同日午後六時一五分、天皇は内務大臣後藤文夫を内閣総理大臣臨時代理とすることを裁可した。さらに後藤に会い

〈速やかに暴徒を鎮圧すべき旨、並びに秩序回復まで職務に励精すべき旨の御言葉を述べられる。〉

反乱軍将校たちは、天皇は自分たちの行動を支持すると信じていただろう。しかし、それは片思いであった。「暴徒」という物言いに、反乱軍将校らへの強い怒りと、鎮圧への意思がにじみ出ている。

一方の陸軍首脳は事件発生後、反乱軍をどう扱うかについて、迷走を続けた。二六日午後一時ごろ、宮中で「軍事参事官会議」が開かれた。本来は天皇の諮問を受けて開かれる会議である。このときは諮問のないまま開かれた。皇道派の巨頭である荒木貞夫と真崎甚三郎《まざきじんざぶろう》、寺内寿一《ひさいち》、阿部信行、西義一、植田謙吉、林銑十郎《せんじゅうろう》の各大将らが集まった。

この席で、著名な全五項目の「陸軍大臣告示」が作成され、反乱軍に示された。

一、蹶起ノ趣旨ニ就テハ　天聴ニ達セラレアリ

二、諸子ノ真意ハ国体顕現ノ至情ニ基クモノト認ム

三〜五　略

「二」にある「諸子ノ真意ハ」は、原案では「諸子ノ行動」であった。「真意」と「行動」では文脈上、意味合いが相当異なる。しかしいずれにせよ「諸子」の「国体顕現ノ至情」が認められたことは共通している。この時点で、決起部隊はいわば「義軍」として評価されたのだ。

翌二七日午前三時五〇分、東京市に戒厳令《かいげんれい》が敷かれた。戒厳司令官には東京警備司令官

の香椎浩平《かしいこうへい》陸軍中将が、また警備参謀長の安井藤治が戒厳参謀長にそれぞれ就任した。同四時四〇分には、戒厳司令部が反乱部隊を治安維持部隊に編入することを決めた。原隊からは食糧が支給された。重臣らを殺害した反乱軍が、「官軍」として認められた、といっていい（『二・二六事件』高橋正衛著）。

未曾有の不祥事を起こしながら、解決に向けての動きが鈍い陸軍首脳に対する天皇の怒りは高まってゆく。

新資料にみる二月二六日

「二・二六事件」は「二・二六産業」と呼ばれるほど、研究者、研究書が多いテーマである。とはいえ、事件鎮圧に奔走した憲兵幹部が残した史料は少ない。

二〇一四年二月、筆者はその貴重な一次史料発見を報じた（同年二月二五日付朝刊『毎日新聞』一面掲載（東京本社版）、「2・26事件憲兵幹部『機密日誌』」）。

まず、事件が起きた当日の記録をみよう。

「二月二十六日（水）
岩佐司令官ハ病ヲ押シテ出勤　部長ノ報告ニ対シ　本件勃発直後司令官ニ報告セサリシコトニ対シ　司令官ヲ無視スルモナリトノ意味ヲ漏シ　甚タ御不満ノ模様ナリシカ矢野少将ヨリ　山中大尉ヨリ司令官ニ報告スルノ適否ニツキ伺出ニ対シ　未タ聞込過キサルヲ以テ本件ヲ確メタル後ニ報告スヘキ企図ニテ報告ノ遅進ヲ陳謝シ諒解ヲ得タルカ如シ」

岩佐禄郎憲兵司令官は、事件勃発について「なぜすぐ知らせなかったんだ。司令官の俺を無視するのか」と怒りをあらわにした。

後述のように、この部分は重要な意味をもつ。

このとき岩佐は病気療養中で、矢野機《はかる》が司令官代行を務めていた。その矢野が「しっかりと確認できてから報告するつもりでした」と説明したところ、岩佐は一応納得したようだ。

いずれにしても、岩佐は勃発直後に報告を受けていなかったことを確認しておこう。

ここで問題になるのは『本庄日記』である。事件当時、昭和天皇の侍従武官を務めていた本庄繁の日記だ。一次史料として名高い。『日記』によれば、本庄は事件当日の午前五時頃、女婿の山口一太郎陸軍大尉から使いで決起を知ったとある。本庄は「直ニ岩佐憲兵司令官ニ此事ヲ電話シ、更ニ宿直侍従武官中島少将ニ電話シ」たと記す。

憲兵司令部は、現在の東京都千代田区庁舎近くにあり、隣には東京憲兵隊と麹町《こうじまち》憲兵分隊の下士官、兵の宿舎があった。本部で非常呼集用のボタンを押せば、一〇分もかからず集合できたという。

一方で渡辺教育総監邸の襲撃が始まったのは、午前七時頃であった。本庄が本当に五時過ぎ、岩佐憲兵司令部に反乱を伝えていれば、憲兵側は直ちに防衛体制の整備に動いたはずだ。渡辺は助かったかもしれない。

本庄の「直ニ岩佐憲兵司令官ニ此事ヲ電話シ」たという記述については、早くから元憲兵らが疑いの目を注いでいた（『日本憲兵正史』全国憲友会連合会編、一九七六年）。

確かに、もし岩佐が事件勃発をいち早く知っていたら、すぐに矢野らに何らかの指示を出したはずだ。少なくとも『機密日誌』が伝えるように、矢野に「なぜ俺に知らせないんだ」といった怒りをぶちまける必要はなかっただろう。

『機密日誌』と『本庄日記』を付き合わせることで、ある疑念が浮かんでくる。そのことを筆者に教えてくれたのは、昭和史を専門とするノンフィクション作家、保阪正康氏である。

本庄は、じつは憲兵司令部にすぐには電話をしなかった。にもかかわらず、自分はいち早く鎮圧側に利する行動をしていたことを強調し、「アリバイ」作りをするために、『日記』には事実と違うことを記録したのではないか……。

矢野機《はかる》は東京都生まれ。成城中学から陸軍士官学校（十八期）を卒業。歩兵第十二連隊中隊長、第八師団参謀、スイス駐在、チェコスロバキア駐在、東宮武官兼侍従武官、朝鮮軍参謀などを歴任した。

一九三五年一二月、憲兵司令部総務部長となった。憲兵畑ではない矢野を憲兵司令部のナンバー2に引き上げたのは岩佐司令官であった。岩佐が朝鮮憲兵隊司令官時代に接点があり、その能力を買ったのだ。そして矢野は着任わずか二カ月にして、事件に直面した。

『機密日誌』を含む史料群は、千葉県習志野市の酒屋「張替酒店」で二〇一三年、蔵を整理している際に見つかった。同店は一九〇五年の創業で、陸軍習志野騎兵旅団が近かったことなどから、軍人との交流が深かった。こうしたことから、矢野の関係史料が同店に託されたとみられる。

天皇の怒りと焦り

『実録』に戻り、事件の推移を追う。

〈〔二七日〕午前七時二十分、侍従武官長本庄繁をお召しになる。以後、頻繁に武官長をお召しになり、事件の情況を御下問になる。午後五時二十七分の最後のお召しに至るまで、この日の武官長の拝謁は十二回に及ぶ。〉

一〇時間で一二回。一時間に一回以上、天皇は本庄を呼び、状況を報告させたことが分かる。

『実録』によれば、二六日に一四回、二八日に一五回、計四一回呼び出している。異常な多さである。天皇の怒りと焦りが伝わってくる。

二七日。

〈この日午前二時五十分、緊急勅令を以て、一定の地域に戒厳令中必要の規定を適用の件が、勅令を以て、戒厳令第九条及び第十四条の規定を東京市に適用の件、並びに戒厳司令部令が官報号外にて公布され、即日施行される。また、東京警備司令官兼東部防衛司令官香椎浩平が戒厳司令官に兼補され、同じく公布される。〉

二一世紀の今日に至るまで、日本国内で「戒厳令」が敷かれたのはこのときが最後である。首都はまさしく内乱状態、無政府状態にあったといえるだろう。

天皇は勃発当初から早期鎮圧を指示していたが、陸軍首脳は揺れていた。

再び『機密日誌』をみよう。

事件勃発の翌二七日、東京市に戒厳令が敷かれた日、憲兵司令部の司令官応接室で軍首脳らによる会議が開かれた。これまでの史料では、伝えられていない会議である。

「軍事参事官ハ司令官応接室ニ参集（陸軍大臣、参謀次長、参謀本部各部長、総務部長列席）

参謀次長ヨリ行動隊ニ対シ大義明分《ママ》ヲ十二分に説得シ占拠地点撤退原所属ニ復帰ヲ勧告スルモ　聴カサル場合ハ奉勅命令ヲ示シ之レカ実行ヲ要求シ　尚服従セサル場合ニ

ハ実力ヲ行使スヘキ趣旨ヲ説明ス
　之ニ対シ荒木（貞夫）大将ハ極力飽ク迄説得サレタシ吾々参事官ガ昨日来馬鹿ニナリテ彼等ニ対応セシ所以モ亦之ニ存ス、ト述ヘ阿部（信行）大将ハ両官ノ述ヘラルル処ハ究極ニ於テ同一趣旨ナルヘシト述ヘラレタリ」

杉山元《はじめ》・参謀次長は、まず反乱部隊に原隊に復帰するよう説得する。応じない場合は奉勅命令を示す。それでも応じない場合は、「実力」つまり武力を行使するという方針を述べた。

これに対し、荒木は「あくまでも（原隊復帰の）説得をしてほしい」と述べた。

反乱当日の二六日、川島義之陸相官邸で反乱将校が川島らに示した要望事項では、荒木を関東軍司令官にするよう求めている。関東軍は、陸軍にとっては不倶戴天《ふぐたいてん》の敵であるソ連に対峙する。そのトップである司令官は重要な役職だ。

反乱将校たちの期待を集めていた荒木は、前述の軍事参事官会議で、自分が反乱軍を原隊に帰らせるべく説得すると述べた。

また午後九時には他の軍事参事官らと陸相官邸で反乱将校に面会し、その言い分を聴いている。荒木は大将、相手は階級がはるか下の尉官（少尉〜大尉）である。軍隊の常識ではあり得ない、大将からすればバカバカしい事態だ。『機密日誌』のなかで荒木のいう「馬鹿ニナリテ彼等ニ対応セシ」とは、こうしたことを指すのだろう。

『機密日誌』によればこの会議上、岡村寧次《やすじ》・参謀本部第二部長が、「軍事参事官各閣下ノゴ参考ニ供スル為陸軍大臣告示（山下少将カ行動隊将校ニ読ミ聞カセ拒絶セラレタルモノ）ノ第二項」、つまり先に見た「諸氏ノ行動ハ国体顕現ノ至情ニ基クモノト認ム」を示した。

そのうえで岡村は以下のように述べた。

「〔大臣告示は〕各閣下カ彼ラノ行動ヲ認メラレタルモノト思推セラレ省部課長等以下ノ壮青年将校ハ大イニ激高シ終ニ　彼等ノ行動ハ統帥権ヲ破壊シ軍紀ヲオ紊ルモノナリ速カニ断乎タル措置ヲ出ツルヲ要スル意見ヲ上申シ来リ」

「省部」すなわち陸軍省や参謀本部の課長クラスは激高していた。「断乎タル措置」とは、もちろん武力による鎮圧のことだ。彼らは佐官（少佐〜大佐）クラスであり、下級である尉官の反乱将校に振りまわされていた。さらに自らの本拠を占拠されてしまったのだから、怒りはなおさらだ。「統帥権ヲ破壊」という文言に、反乱将校への憎しみがにじんでいる。

荒木は粘る。

「省部ノ人達ハ現地ノ状況ヲ認識セサル由、斯クノ如キ考エヲ生ムモノナリ　物事ハ理屈通リニ行カス　今直チニ実力ニ訴フルハ尚ホモ国内及国際関係ヲ十分考慮シテ出来ル限リ隠忍説得ニ努メ平和裡ニ時局ヲ収拾スヘキモノナリ云々」

「省部」すなわち陸軍省や参謀本部の連中は、「現地」を知らないから強硬論をいうのだ。今、武力を行使したら国内外に悪影響を及ぼす――。そういう荒木の本当の狙いは何か。「皇軍相撃」を避けるためか、あるいは反乱将校の命を助けることだったのか。

〝真綿で首を絞めるに等しい行為〟

二七日の『実録』には珍しく、天皇の感情を浮き彫りにする肉声が記されている。

〈午前七時二十分、侍従武官長本庄繁をお召しになる。以後、頻繁に武官長をお召しになり、事件の情況を御下問になる。午後五時二十七分の最後のお召しに至るまで、この日の武官長の拝謁は十二回に及ぶ。〉

〈なおこの日、天皇は武官長に対し、自らが最も信頼する老臣を殺傷することは真綿にて我が首を絞めるに等しい行為である旨の御言葉を漏らされる。また、御自ら暴徒鎮定に当たる御意志をしばしば示される。翌二十八日にも同様の御意志を示される。〉

この部分の典拠は明らかに『本庄日記』だ。同書によれば二七日、本庄は天皇に言った。

「彼等行動部隊ノ将校ノ行為ハ、陛下ノ軍隊ヲ、勝手ニ動カセシモノニテ、統帥権ヲ犯スノ甚ダシキモノニシテ、固ヨリ、許スベカラザルモノナルモ、其精神ニ至リテハ、君国ヲ思フニ出デタルモノニシテ、必ズシモ咎《とが》ムベキニアラズ」

「反乱軍将校は天皇の大権＝統帥権をないがしろにするもので、許すべきものではない。しかし彼らの天皇と国を思う気持ちは、責めるべきものではない」。本庄は、天皇が激怒していることをすでに知っている。知っていてなお、このように反乱軍将校らの「誠意」を代弁するかのようなことをいうのは、相当な勇気が必要だっただろう。さらには、それだけ反乱軍将校に共鳴したともいえる。

それに対する天皇の答えは、

「朕ガ股肱《ここう》ノ老臣ヲ殺戮《さつりく》ス、此ノ如キ凶暴ノ将校等、其精神ニ於テモ何ノ恕《ゆる》スベキモノアリヤ」
「朕ガ最モ信頼セル老臣ヲ悉ク倒スハ、真綿ニテ、朕ガ首ヲ締ムルニ等シキ行為ナリ、ト漏ラサル」

であった。「御自ら暴徒鎮定に当たる御意志」云々も、典拠は『本庄日記』だろう。なかなか鎮圧に動かない陸軍首脳に対し、天皇は怒りを爆発させた。天皇は「朕自ラ近衛師団ヲ率ヰ、此ガ鎮圧ニ当タラント仰セラレ」た。つまり大元帥である自分が乗り出して鎮圧する、という意志を示したのだ。

この部分も『実録』には珍しく、天皇の感情を肉声に近い形で伝えている。昭和天皇は勃発当初から最後まで、一貫して早期解決を目指していたことを、ことさらに強調しようとする編集方針を感じさせる。

ともあれ、天皇の断固討伐という姿勢が一貫していたことは大きかった。反乱軍にとって情勢は悪化してゆく。

『実録』と他の史料の差異

二八日午前五時八分、「奉勅命令」（天皇の意志を伝える命令）が発令された。「戒厳司令官ハ三宅坂付近ヲ占拠シアル将校以下ヲ以テ速ニ現姿勢ヲ撤シ各所属部隊ノ隷下ニ復帰セシムヘシ」。さらに午後一一時には、二九日午前九時を期して反乱部隊を攻撃することが決まった。

同日午前、戒厳司令部で開かれた事態収拾のための会議で、皇道派であり反乱将校に寛容だった香椎は昭和天皇に対して「昭和維新に発進せしめらるる聖旨」を得るべく、上奏しようとした（『香椎戒厳司令官手記　秘録二・二六事件』）。反乱将校たちが目指した「昭和維新」である。

香椎の見込みは甘かった。すでにみたように昭和天皇は当初から鎮圧を強く求めており、香椎が求めた「聖旨」など示すはずがなかった。杉山元・参謀次長は「全然不同意なり。（中略）陛下に対し奉りこの機に及んで昭和維新断行の勅語を賜うべくお願いするは恐懼に堪えず。統帥部としては断じて不同意なり。奉勅命令に示されたる通りに討伐せよ」と主張した（高橋正衛『二・二六事件』）。

香椎は数分「沈思黙考」した。口を開いて言ったのは「決心変更、討伐を断行せん」であった。二八日、義軍は反乱軍に転落したのだ。

「決心変更」した後、香椎は豹変し、鎮圧へとかじを切った。

山下奉文《ともゆき》少将らは反乱の首謀者たちに自害させて事態を収拾しようとし、そのために「勅使」派遣を打診した。つまり天皇が使いを派遣して、反乱将校らの自殺を見届けさせよう、ということだ。勅使を派遣すれば、天皇は反乱を肯定したともとられかねない。

『本庄日記』によれば、天皇は「自殺スルナラバ勝手ニ為スベク、此ノ如キモノニ勅使抔《など》、以テノ他ナリ」と断じた。天皇の怒りを生々しく伝える記述である。

一方、『実録』はどうか。

〈午後、侍従武官長本庄繁に謁を賜い、陸軍大臣川島義之・陸軍省軍事調査部長山下奉文より、首謀者一同は自決して罪を謝し下士以下は原隊に復させる故、自決に際して勅使を賜わりたい旨の申し出があったことにつき、言上を受けられる。これに対し、非常な御不満を示され御叱責になる。〉

『本庄日記』と『実録』を読み比べてみれば、どちらが天皇の感情、真意を伝えているかは明白だろう。『実録』は、往々にして天皇の感情を伝えることに慎重だ。

二九日、反乱軍は投降し、将校らは陸軍大臣官邸に集まっていた。『実録』はこの場面を記していない。矢野の『日誌』をみてみよう。

矢野が同官邸に向かったところ、岡村寧次《やすじ》少将、山下奉文少将らがいた。

反乱将校は「各室ニ分ケラレ　一部ハ取調ヲ受ケ　自害ヲ暗黙ノ間ニ勧メラレタルカ如キ状況」であった。

山下は「叛乱将校ハ陸軍大臣官邸ニ包囲セラレ約五時ノ余裕ヲ与ヘタルニ自害セス　何トカナラスヤ」と話したという。「なんであいつらは自決しないんだ」。そんな、山下の心の声が聞こえてきそうだ。

矢野は、憲兵幹部として反乱軍将校を生きたまま拘束し、尋問するべきだと考えていた。それゆえ、岡村にたずねる。

「本職ハ岡村少将ニ就キ状況ヲ聴取セルニ　将校ニ自害セシムルハ参謀次長（総長ノ職ムヲ代行セル）及陸軍省ノ意見ナリトノコト」

自決は杉山元・参謀次長や、陸軍省も求めているのだ。岡村はそう言ったということだ。矢野は食い下がる。

「夫レハ異様ニ思フ　憲兵ノ立場ヨリ逮捕ノ必要アリ　逮捕ニ抗スレハ斃スヘキナリ自害ノ強要スヘキモノニアラサルヘシ」

自決を強要するのはおかしい。憲兵としては、反乱将校を逮捕しなければならない。逮捕に抵抗したら倒せばいいじゃないか。矢野は正論を述べた。

しかし昔も今も、「正論」と「政論」はしばしば食い違う。山下少将は事件勃発前、青年将校たちをけしかけるような言葉をはいていた。だが、いったん「官軍」となるかにみえた反乱軍が、天皇の怒りをかって旗色が悪くなるのを感じると保身に走った。山下にすれば、反乱将校との関係が赤裸々になる前に死んでくれれば都合がよかったのだ。

矢野はさらに、杉山次長や今井清軍務局長に会い、彼らが反乱将校に自決を強要するつもりがいないことを確認し、香椎ら戒厳司令部に突きつけた。そこで、香椎は以下のように述べたという。

「自害ヲ強要スル意思ナシ　男トシテ自害シ得サルガ如キ者ハ逮捕セヨ　抵抗スルモノハ斃シテ可ナリ」

矢野は戒厳司令官、すなわち鎮圧の最高責任者である香椎から、決定的な言質を引き出した。すなわち生かして逮捕してもいい、ということだ。香椎のにがにがしげな顔が目に浮かぶようだ。

結局、反乱将校のうち自殺したのは野中四郎大尉一人であった。

肉声を載せない理由～宮内庁の見解

なぜ、『実録』は肉声を伝えるのに及び腰なのか。前述の二〇一四年九月四日、宮内庁で開かれた会見で、同庁の担当者は言った。

「文字に記された記録が、本当に資料通り一字一句違わずに発言されたのか、その確認は非常に困難なことだと考えております。〔中略〕そういう資料に基づいた会話内容をそのまま資料通りに実録に引用するということは、基本的に慎重を期しておりまして、その趣旨とか主題にとどめたということが多くあるということでございます。」

「〔天皇の発言を基本的に書かないという〕方針は特にありませんで、ご発言をどこまで正確に資料が描いているかを考えて、昭和天皇が本当にその通り言ったかは中々わかりませんので、直接的な引用を控えたところも多くあります。実録に書くと、公認された発言として一人歩きすると言うことを念頭に置いて、個々に慎重を期してこのような書き方になりました」

天皇が実際に何を言ったのか、正確なところはその場にいた人間か、その録音などを聞いた人間しか分からない。それでも日本の歴史学は、営々とした研究の積み重ねでその肉声をできるだけ再現しようとしてきた。しかし『実録』は、そうした学術的蓄積を十分に汲んでいない。好意的にいえば、正確性を重視した、ということだろう。

2 南部仏印進駐問題

消えた『杉山メモ』の肉声

さて『実録』が天皇のナマな感情を伝えきっていない、というよりあえてそれを避けようとする節がみえる点では、南部仏印進駐も同様である。

日本が中国への侵略を進めるなか、中国に利権をもつ欧米は反発した。一九三九（昭和一四）年七月、アメリカは日米通商航海条約の廃棄を通告した。

第三章でみたように、四〇年九月、日本は北部仏印（現在のベトナム北部）に進駐した。目的は「援蔣ルート」、つまりイギリスなどが日本が戦っていた中国国民党政府を支援していた補給路を断つことと、資源確保だった。アメリカは対日経済制裁を強め、在米日本資産を凍結してしまった。ドル資金が使えなくなったことで、輸入が困難になった。

それでも日本は四一年七月、南部仏印進駐を強行した。このころ、宗主国だったフランスはドイツに降伏し、対独協力派のヴィシー政権が成立していた。日本政府はこの政権と協定を結んでおり、進駐はこれに基づいてはいた。しかし「火事場泥棒」の感をぬぐえない。対抗措置として、アメリカは対日石油輸出を全面的に禁止した。

南部仏印進駐に先立つ一九四一年六月二五日。進駐について杉山元《はじめ》参謀総長が奏上した。

〈奏上に際し、政府・統帥部を代表して首相より、英米蘭支の対日共同包囲態勢への対抗措置を速やかに講じることは、当面の支那事変処理、東亜の安定防衛、自存自衛体制確立のため緊急不可欠の施策であるとして、我が国は特に仏印特定地域において航空・海運等の軍事基地を獲得するとともに、南部仏印にも所要兵力を配置するほかない旨が披瀝される。また首相より、仏印に対して外交折衝と威圧との緊密な連繫により我が目的の達成に勉めるべきである旨の奏上あり。天皇は、経費面や駐屯軍隊の規模と配置、独ソ戦との関係、北部仏印に変動発生の場合の対応など種々御下問になり、首相及び参謀総長より奉答をお聞きになる。四時三十分首相・両総長は退下する。〉

政府〔近衛文麿首相や東条英機陸相、嶋田繁太郎海相ら〕と統帥部〔杉山元参謀総長、永野修身《おさみ》軍令部総長ら〕を代表して、近衛首相がイギリス、アメリカ、オランダ、中国による日本包囲体制に対抗するためには、南部仏印に必要な兵力を置くしかない、と伝えた。すると天皇は「経費」や軍隊の進駐させる規模などを質問。近衛と杉山が答えたという。

このとき、南部仏印進駐について『実録』は話し合ったテーマの概略を伝えているが、くわしいやり取りは記していない。

一方で『杉山メモ』は、この場面を以下のように伝えている。

御上〔昭和天皇〕　軍隊ハドノ位カ
総長〔杉山〕　一師団基幹テアリマス
御上　ドノ師団カ
総長　近衛デス
御上　近衛？
総長　現在広東ニ居リマスル近衛デアリマス
　　　其他軍直属部隊ハ内地カラ持ツテ行キマス

御上　ア、アノ近衛カ（内地ノ近衛師団トオ考ヘニナツタモノト拝察ス）
御上　軍隊ヲ如何ニ配置スルカ
総長　軍隊進駐ノ目的ハ航空及海軍基地ヲ造リ且之ヲ維持スル為ト泰〔タイ〕及仏印ヲシテ日本ニ依存セシムルト共ニ南方ト支那ニ威圧ヲ加フルニ在ルノテアリマシテ「サイゴン」付近ヲ中心トシテ配置致シマス
御上　飛行場ハドノ辺カ
総長　大体海岸ノ近クテアリアマス
御上　国際信義上ドウカト思フガマア宜《ヨ》イ（特ニ語尾ハ強ク調子ヲ高メラレタリ）。

フランスの植民地に、そのフランスが敗北したのを利用して軍隊を派遣する「火事場泥棒」について、昭和天皇は「国際信義上」の問題点を認識していた。しかし、最後は声高らかに「まあよい」と答えていたのだ。

しかし、『実録』は「種々御下問」と書くに止めて、肉声の「まあよい」を記さない。前述の「二・二六事件」ともども、実録が、史料が伝える生々しい肉声をそぎ落としたことが分かる。こうした例は他にも多い。発言ににじむ昭和天皇の感情や国家観、歴史観が十分に伝わらない、という憾みが残る。

天皇が認めた南部仏印進駐によって、アメリカは態度を決定的に硬化させた。

虎穴に入らずんば……

史料に残る昭和天皇の発言について、『実録』を編さんした宮内庁は前述のように、「実録に書くと、公認された発言として一人歩きすると言うことを念頭に置いて、個々に慎重を期した」とする。

一方で、『実録』は同年一九四一（昭和一六）年一〇月二〇日、陸軍大将だった東条英機を首相に選ぶことを決めた際、昭和天皇が木戸幸一内大臣に語った有名なセリフを「いわゆる虎穴に入らずんば虎児を得ざる旨の御感想を述べられる」と紹介している。

この「虎穴……」発言の典拠は『木戸日記』である。なぜこの天皇発言は採用し、先に見た『本庄日記』や『杉山メモ』のそれはしないのか。採用の基準がみえない。

『実録』は何のためにここを引用したのか。戦争に前がかりな陸軍を戦争回避に引き戻そう、とする天皇の努力を記したかったのか。

同年九月六日の御前会議では「帝国国策遂行要領」が議題となった。「十月上旬頃に至るも尚我要求を貫徹し得る目途なき場合に於いては直ちに対米（英蘭）開戦を決意す」というものだ。第三章でみたように、この席で天皇は明治天皇の「御製」「四方の海……」を読み上げて戦争回避への意志を伝えた。

この御前会議では、外交による問題解決が開戦に優先する、という方針が確認された。しかし陸軍は中国大陸からの撤兵を拒み、何とかアメリカとの交渉を進めようとした近衛文麿首相を追い込んだ。そして近衛は内閣を投げ出した。後継の首相を選ぶに当たり、避戦を模索していた天皇は、木戸の進言を受け入れて、撤兵拒否、対米強硬派の筆頭だった東条を首相にすることで、陸軍の姿勢を変えさせようとしたのだ。

しかし東条でも戦争は回避できなかった。

天皇はなぜ東条を首相にすることに同意したのか。『実録』にはその理由は書いていない。『昭和天皇独白録』でみてみよう。

「陸軍大臣時代に、大命に反して北仏印進駐をした責任者を免職して英断を振るつた事もあるし、又宮中の小火事ゝ件に田中〔静壹〕東京警備司令官、田尻〔利雄〕近衛師団長、賀陽宮〔近衛混成〕旅団長以下を免職した事もあり、克く陸軍内部の人心把握したのでこの男ならば、組閣の際に、条件さへ付けて置けば、陸軍を抑へて順調に事を運んで行くだらうと思つた。」

江戸城（宮中＝皇居）の火事の責任者を処分したことが、東条信任の理由の一つであった。結果として天皇の選択は失敗した。虎穴に入ったところ虎児＝陸軍にかみつかれ、海軍も「アメリカとは戦えない」という本音をいうことができず戦争に突入し、大日本帝国は崩壊し、たくさんの国民が亡くなった。いずれにしても『実録』の記述で、どこまで読み込むかは読み手の問題意識次第ではある。

3 開戦前の日米交渉

「ハル・ノート」の前に開戦決意

開戦前の一一月二六日、アメリカは日本がとうていのめるはずのない「ハル・ノート」を突きつけた。これは最後通牒であり、日本は戦争を決意した。

戦後七〇年、長く広く伝わっている認識である。それは事実だろうか。

一一月一日、大本営政府連絡会議で国策再検討が話し合われた。東条首相や東郷茂徳《しげのり》外相、賀屋《かや》興宣《おきのり》蔵相、嶋田繁太郎海相、鈴木貞一企画院総裁、杉山元参謀総長、塚田攻《おさむ》参謀次長、永野修身《おさみ》軍令部長、伊藤整一軍令部次長、原嘉道《よしみち》枢密院議長らが出席した。

その結果、新たな「帝国国策遂行要領」が閣議決定された。二日、東条首相は杉山と永野を伴い参内し、天皇にその内容を伝えた。

〈結論として外交交渉の妥結に勉めるとともに、作戦的要請から一二月初頭の戦機を失わないよう注意することに衆議が一致した旨の奏上を受けられる。〉

会議では、①戦争を極力避け「臥薪嘗胆《がしんしょうたん》」すること、②開戦を直ちに決意し政戦諸施策を集中する、③開戦決意の下に作戦準備を整えつつ、外交施策を続行する、の三案が検討された。その結果、帝国国策遂行要領が再決定された。

〈帝国国策遂行要領
一、帝国ハ現下ノ危局ヲ打開シテ自存自衛ヲ完フシ大東亜ノ新秩序ヲ建設スル為此ノ際対米英蘭戦争ヲ決意シ左記措置ヲ採ル
(一) 武力発動ノ時期ヲ十二月初頭ト定メ陸海軍ハ作戦準備ヲ完整ス〔(二)～(四)略〕〉

このときの天皇の様子を、『実録』は伝えない。『杉山メモ』には以下の記述がある。

「御上ノ御機嫌麗シ　総長既ニ御上ハ決意遊バサレアルモノト拝察シ安堵ス」

天皇は機嫌がよかった。すでに開戦を決意した。杉山の目にはそう映った。

御前会議で示された議題が、天皇の意思によって「ちゃぶ台返し」のように却下されることは、慣例としてなかった。天皇の意思はその前の段階で統帥部幹部や閣僚らに伝えられる。さらに大本営政府連絡会議で討議され、そこで決まったこと（たとえば前述の「帝国国策遂行要領」）が御前会議に呈せられる。天皇は通常、ここでは発言しない。第三章でみたように、九月六日の御前会議では天皇が明治天皇の「御製」を挙げて自分の意思を伝えたが、これはあくまでも例外であり、発言しないのが通例である。天皇の疑問や意思は枢密院議長が代弁する。

さて『実録』は一一月一日の会議の具体的なやりとりも、まったく伝えていない。

実際は開戦に前のめりな陸軍とそれに引きずられる海軍、避戦を模索する一部閣僚との間に激しい議論があった。『杉山メモ』に記されたその一端をみてみよう（原文は漢字とカタカナ表記だが、ここでは読みやすく改める）。

永野　今戦争をやらずに二〜三年後にやるよりも、今やって三年後の状態を考えると、今やる方が戦争はやりやすい。必要な地域をとってあるからだ。

賀屋　勝算が戦争第三年にあるのなら戦争するのもいいが、永野の説明ではこの点が不明瞭だ。しかも自分はアメリカが戦争をしかけて来る公算は少いと判断するから、今戦争するのが良いとは思わない。

東郷　私も米艦隊が攻勢に出るとは思わない。今戦争をする必要はない。

永野　三年たてば南方の防備が強くなる。敵艦も増える。

賀屋　ではいつ戦争したら勝てるのか。

永野　今！　戦機は後には来ない。

鈴木　蔵相は戦争をやれば物資の点で一六、一七年は不利になるように考えているようだが、心配ない。一八年には戦争をした方がよくなる。統帥部〔陸軍参謀本部、海軍軍令部〕は時が過ぎれば戦略関係はだんだん悪くなると言うから、この際戦争した方がいい。

塚田　「開戦を直ちに決意する」「戦争発起を十二月初頭とする」の二点を定めなければ、統帥部は何もできない。外交などはこれが定まってから研究してほしい。

この議論のなかで、誰の見通しが正しかったかは、歴史が証明している。結局、一二月一日までに外交交渉が成立しない場合は対米開戦と決まった。

一一月五日午前一一時半、御前会議が開かれた。議題は、前述の「帝国国策遂行要領」である。

〈首相・外相・企画院総裁・蔵相・参謀総長・軍令部総長よりそれぞれ説明あり。引き続き、枢密院議長と首相・外相・参謀総長・軍令部総長との間で種々質問と応答が行われる。〉

〈〔原嘉道〕枢密院議長は、日米交渉が絶望的である以上、対米戦争を決意するも已むを得ないと認めるが、日本が参戦した場合、白色人種国家である独英米間の和平により、黄色人種国家である日本が孤立しないよう政府の善処を切望する旨を表明する。これに対して首相より、政府は日米交渉打開の希望を捨てていないため、今回直ちに開戦の決意には触れず、本案の如く外交と作戦の二本建てとしたこと、また米国は日本の経済的降伏を想定していると考えられるが、本案により我が軍が展開位置に就くこととなれば、米国は日本の決意を理解し、外交の手段を打つべき時機が到来すると考える旨の回答あり。また首相は、長期戦突入に伴って予想される困難な事態を憂慮して現状を放置すれば、石油の枯渇・国防の危機等を招来し、延いては三等国の地位に陥る懸念があること、人種戦争の様相を呈しない施策を考慮していること等を表明した後、他に意見がなければ原案可決を認めるとし、御前会議の終了を宣言する。午後三時十分天皇は入御される。〉

東条は、天皇の内意を受けた原の質問に対し外交による解決の希望は捨てていない、としつつ、長期戦を心配して現状を放置したら、石油の枯渇などで国家的危機を招き、三等国になってしまうかもしれない、と述べた。永野ともども、軍人による一種の恫喝《どうかつ》論法である。

結局、この日一一月五日の御前会議で、対米戦争の方針は固まった。「ハル・ノート」が突きつけられる前に、政府は一二月初めの開戦を決意していたことを確認しておきたい。

日米交渉をめぐる政府・重臣の論議

日米交渉はその後も続いた。

〈この日（一一月二七日）午前、大本営政府連絡会議が開催され、外相より日米交渉の成立が困難である旨の報告後、日本側より去る二十日提示の乙案に対する米国の対案（ハル・ノート）の骨子が、ワシントン駐在の陸海各武官より電報にてもたらされる。〉

同会議は午後二時再開。

〈各情報を持ち寄って審議した結果、米国の対案は最後通牒と見なすべく、もはや日米交渉の打開に望みはないため、十一月五日の御前会議決定に基づく行動を要するが、改めて十二月一日に御前会議を開催の上、最終的に決定すること〉

と判断した。

ただ、天皇はこの段階でも開戦を迷った。

〈天皇が日米交渉を深く御軫念になり、重臣からの意見聴取を希望されていることにも鑑み、御前会議への重臣の出席は不可なるも、明後二十九日に重臣を宮中に集め、首相より説明をなし、その後に午餐を賜わることを申し合わせる。〉

天皇は首相経験者の「重臣」を御前会議に参加させようとしたが、東条首相が反対した。「責任の無い重臣を御前会議に出席させるのはよくない」という判断であった（『杉山メモ』）。

二九日、重臣会議は議長を置かず議決もしないこととなった。主席者は八人。『実録』は、その様子を比較的細かく記している。若槻《わかつき》礼次郎、岡田啓介、米内《よない》光政、広田弘毅《こうき》、近衛文麿の五人は政府案つまり開戦反対論を述べた。林銑十郎《せんじゅうろう》と阿部信行、平沼騏一郎《きいちろう》は賛成した。多数決をとれば、重臣の意見は「開戦反対」となるはずだった。

〈外交交渉決裂後も臥薪嘗胆の状態にて打開の途を見出し得ざるや〉（近衛）、〈ジリ貧を避けて却ってドカ貧に陥らないよう注意を要する〉（米内）といった、具体的な反対論も記した。もっともこれらの台詞は、典拠である『木戸日記』などによって、すでに広く知られている。

東条首相は、現状維持論に対してはいちいち反対した。

三〇日には、当時軍令部にいた高松宮が重要なことを天皇に伝えた。

〈親王より海軍は可能ならば日米戦争の回避を希望している旨をお聞きになる。〉

「海軍は日米開戦を避けたがっている」ということだ。天皇はすぐに東条を呼び、開戦反対派が多かった二九日の重臣会議の様子を聞いた。東条は「政府・統帥部ともに戦争回避を希望しているが、連絡会議における慎重研究の結果はすでに内奏済みで、事ここに至っては自存自衛上開戦はやむ得ない」と述べた。天皇はさらに永野軍令部長と嶋田海相を呼び、意見を聞いた。二人が退出後、木戸を呼び言った。

〈海相・軍令部総長に下問した結果、両名共に相当の確信を以て奉答したため、予定どおり進めるよう首相へ伝達すべき旨を御下命になる。〉

高松宮発言以下の、こうした三〇日の経緯も『実録』は関係者の肉声を含めて記している。天皇が、開戦慎重派が少なからずいることを知りながら、結局、開戦派の政府首脳、軍部に説得された過程が分かる。

時間をさかのぼって、一一月二八日をみてみよう。

〈午前十一時三十分より午後零時三十分まで、御学問所において外務大臣東郷茂徳に謁を賜い、ワシントンにおいて二十六日夕刻（現地時間）にハル国務長官より野村・来栖両大使へ手交されたオーラル・ステートメント及び米国の対案（「ハル・ノート」、昨二十七日午後、外務省に全文が着電）につき説明を受けられる。米国の対案は、日本側が提案した甲案・乙案いずれも拒否するものにして、米国が従来繰り返し主張してきた四原則の承認を求めるとともに、両国政府の採るべき措置として左の十項目を列挙する〔略〕。〉

ぎりぎりまで戦争回避を模索した東郷重徳外相を含め、当時の大日本帝国執行部が、いわゆる「ハル・ノート」を「最後通牒」、つまりアメリカによる挑戦状と受けとめ、「これ以上、交渉の望みはない」と判断したことが記されている。

「ハル・ノート」は「最後通牒」か

では、「ハル・ノート」は本当に「最後通牒」だったのだろうか。

吉田茂の述懐が興味深い（『回想十年』第一巻）。吉田は駐英大使を務めるなどして、親英米派として知られていた。このため、二・二六事件後に成立した広田弘毅内閣で外相に擬せられながら、陸軍の反対で実現しなかった。吉田はその後外務省を離れた。

「たしか〔一九四一年〕十一月二十七日であったと記憶しているが、東郷茂徳外務大臣の代理として当時外務省顧問であった現参議院議員の佐藤尚武君が麹町平河町の私の家に訪ねて来た。佐藤君は英文の文書を持参してきており、これを私の義父牧野伸顕伯に見せてもらいたいという。」

この文書がハル・ノートであった。

吉田は渋谷の牧野邸を訪ねた。

「伯は嫌な顔をしながら、読んでいたが、何ともいわない。そこで私は『外務大臣があなたにこれを見せたいという以上は、何か御意見を聴きたいということでしょう』というと、伯曰く『この書き方は随分ひどいな』と嘆息してから、やゝ暫くして『和戦の決は最も慎重を要する。この重大な時に当たって外務大臣として、その措置、進退を誤らざるよう希望して止まない。そもそも明治維新の大業は、西郷、大久保など薩摩の先輩が非常な苦心をして大帝を補佐して成就したものである。今日もし日米開戦するに至り、一朝にして明治以来の大業を荒廃せしむるようなことあらば、当面の責任者の一人たる外務大臣として、陛下および国民に対して申訳ないことであるのはもちろんだが、郷党の大先輩に対しても顔向けできないというものだ。これは同郷人の一人として特に付言しておく』と語った。」

牧野は薩摩藩出身の大久保利通の息子。東郷と同郷である。アメリカと戦ったら、明治維新以来営々と積み重ねてきた成果が無に帰しかねない、という危機感を持っていた。

岳父の言葉を、吉田は以下のように受け取った。

「牧野伯の意見はいうまでもなく、戦争はすべきではないということだ。」

吉田は牧野の言葉をそのまま佐藤、さらに外相経験者で同じく親英米派の外交官、幣原《しではら》喜重郎にも伝えた。

日本史にとって惜しむらくは、このとき幣原ら親英米派の重鎮が国策決定者のメンバーから駆逐されていたことだ。

以下は、吉田の「ハル・ノート」観である。

「さてこのハル・ノートには〝Tentative and without commitment〟と明記し〝Outline of proposed basis for agreement between the United States and Japan〟となっていた。すなわちこれは試案であり、日米交渉の基礎案であるといっている。実際の肚の中はともかく、外交文書の上では決して『最後通牒』(ultimatum)ではなかった筈だ。」

吉田は東郷に会い、牧野の言葉を伝えた。さらに自分も説得した。

「執拗にノートの右の趣旨をいって、注意を喚起した」。つまり「これは最後通牒ではない。アメリカとの交渉を続けるべきだ」と、いうことだろう。

吉田はさらにたたみかけた。


「君はこのことが聞き入れられなかったら、外務大臣を辞めるべきだ。君が辞職すれば、閣議が停頓するばかりか、無分別な軍部も多少は反省するだろう。それで死んだって男子の本懐ではないか。」


吉田に対しては、同じく日米開戦回避を模索する駐日米大使グルーが東郷との会談を依頼した。東郷に伝えたものの、東郷は「すでに政府の方針も開戦と決定していたから、会談を承諾しな」かった。

吉田の回顧録は、一九五七年、つまり日米開戦から一二年後に刊行されたものである。

吉田が自身の立場を持ち上げるために、実際は「ハル・ノート」は最後通牒ではないといっていなかったにもかかわらず、回顧録には戦後の立場で自分に都合のいいことを記したのではないか、という疑義は当然ありうる。しかし、前述の重臣会議でみたように、「ハル・ノート」を受け取ったあとも、開戦に慎重な重臣はいた。

「ハル・ノート」が居丈高なことは確かだ。とくに、日本に中国からの撤兵を求めている。一九八四〜八五年の日清戦争以来、膨大な国費とたくさんの国民の命と引き換えに得た領土や権益を手放すのは、大日本帝国にとっては過酷な要求であった。東条ら当時の為政者たちが、これを「最後通牒」と受けとめたのも、自然ではある。

しかし、「ハル・ノート」は撤兵の期限を明示してはいない。つまり「今すぐに中国から兵を引け」と求めているわけではない。

これらのことから「交渉の余地はあった」という見方も、今日の歴史学の中にはある。

しかし『実録』は「ハル・ノートは最後通牒ではなかった」という吉田茂の見方も、戦後の歴史学の見方も、一言も触れない。記されているのは、当時の為政者たちが「最後通牒」と受け止めたことだけである。

4 戦局をめぐる「聖慮」

天皇に戦況は正しく伝わっていたか

周知のように開戦直後、日本軍は快進撃を続けた。米英蘭連合軍の迎撃準備が整っていなかったこと、さらにはこれら連合軍の守備隊は本国の正規軍に比べて装備や練度に劣っていたことなどが理由として挙げられる。

だが開戦わずか半年後の一九四二年六月五日、海軍は決定的な敗北を喫する。ミッドウエー沖海戦で米機動部隊と激突し、正規空母六隻のうち四隻を撃沈されたのだ。『実録』によれば一〇日、天皇は永野軍令部総長から戦況の奏上を受けた。

〈この日午前十時三十分からの大本営政府連絡懇談会において、海軍側よりミッドウエー海戦の戦果に関し、航空母艦一隻を撃沈、その他航空母艦一隻・巡洋艦数隻を大

破したこと、我が方の損害は航空母艦一隻喪失、航空母艦・巡洋艦各一隻大破であることを報告する。〉

「戦果」についてはそれほどオーバーではないが、「損害」は著しく過小に報告していることが分かる。これは海軍による意図的なごまかしであった。他方、軍部が戦果を誤認したまま天皇に伝え、結果として天皇にうそをついてしまったケースもある。

一九四四年一〇月の「台湾沖航空戦」はその一つである。一五日の『実録』をみよう。

〈これより前の午後三時、大本営は、台湾東方海面の敵機動部隊が昨十四日来東方に向けて敗走中にして、我が部隊がこの敵に対して反復猛攻を加え、戦果拡充中であること、現時点までに航空母艦七隻・駆逐艦一隻を轟撃沈、航空母艦二隻・戦艦一隻・巡洋艦一隻・艦種不祥十一隻を撃破したことを発表する。〉

翌一六日、この発表を新聞報道などで知った国民は、久々の「大勝」に沸いた。同日、小磯国昭首相は天皇にこの「大戦果」を言上。天皇は「台湾沖における大戦果に関する勅語の下賜」を木戸幸一内大臣に指示した。満州国皇帝・溥儀《ふぎ》からは祝電が届いた。一八日には天皇が答電を発した。

大本営が一九日に発表した「大戦果」は、最終的には「空母一一隻撃沈、八隻撃破、戦艦四隻を含む四五隻撃沈」にまで膨らんだ。海軍は帰還した攻撃隊搭乗員の報告を、そのまま積み上げて「戦果」と判断したのだ。

実際の米軍の被害は重巡「キャンベラ」と軽巡「ヒューストン」に魚雷が命中し、いずれも大破。空母「フランクリン」「ハンコック」が小破したものの、沈没した船は一隻もなかった。日本軍は三〇〇機以上を失った。

こうした実態は、『実録』には書かれていない。もっとも、個々の戦線の戦況をすべて掲載するのは不可能であって、その必要もない。実態を知るには、『実録』以外の書き手や読者の自助努力が必要なのだ。

海軍首脳は、一六日ごろまでには、こうした実態を把握していた。だが国民にそれを伝えなかった。天皇には「訂正」をしたのかどうか。『実録』をみるかぎり、分からない。

天皇の度重なる決戦要求

いったん戦争が始まったら勝利のために手を尽くすのは、国家元首として自然だ。天皇がしばしば作戦指導を試みたことは、『実録』が多々利用している資料に記されている。「大元帥」としては当然のことだ。ことに、戦況が悪化していくとそれが顕著になる。しかし『実録』では、そうした天皇の言動自体がすっぽりと抜け落ちているところも少なくない。以下、具体的にみてゆきたい。

日本軍が占領していた、アリューシャン列島のアッツ島に一九四三年五月一二日、米軍が上陸した。援軍を送ることができず、守備隊は同月二九日に「玉砕」した。天皇はこれについて六月八日、蓮沼蕃《しげる》侍従武官長に言った。

「斯ンナ戦ヲシテハ『ガダルカナル』同様敵ノ士気ヲ昂ケ中立、第三国ハ動揺シ支那ハ調子ニ乗リ大東亜圏内ノ諸国ニ及ホス影響ハ甚大デアル　何トカシテ何処カノ正面テ米軍ヲ叩キツケルコトハ出来ヌカ」（『真田穣一郎日記』。『杉山メモ』（下）所収）

中部太平洋、南太平洋でも米軍の圧力が強まり、日本軍の劣勢が明らかになっていた。翌九日、天皇は東部ニューギニア戦線の戦況について、杉山参謀総長に「何ントカシテ米ヲ叩キツケネハナラヌ」と言っている。
さらに八月五日。戦況報告に来た杉山に対しても、天皇はいらだちをあらわにしている（前掲『真田穣一郎日記』）。

天皇　何レノ方面モ良クナイ　米軍ヲピシヤリト叩クコトハデキナイノカ
杉山〔略〕第一線トシテハ凡有ル手段ヲ尽クシテイマスガ誠ニ恐懼ニ堪エマセヌ
天皇〔略〕一体何処デシツカリヤルノカ何処デ決戦ヲヤルノカ今迄ノ様ニヂリヂリ押サレルコトヲ繰返シテイルコトハ出来ナイノデハナイカ

劣勢は止まらない。八日にも以下のようなやりとりがあった。

天皇　局地的ニハ克ク戦闘ヲヤツテイルガ何処カデ攻勢ヲトルコトハ出来ヌカ　之ハ主トシテ海軍ノコトデハアルカ……

杉山　何トシテモ陸軍トシテハ足ヲ持ツテ居リマセヌ　足サヘアリマスレハ御仰セノコトハ出来マス　之ハ方面軍司令官カラ申シテ来マシタ通リテアリマス

陸軍には兵員を運ぶ足＝船がない。問題は海軍にある。杉山はそう言いたかったのだろう。

天皇はこの後、「海軍ハ一体ドウシテイルノデアラウカ」と問い、杉山は「海軍ニモモツト早ク出度イ考ヲ持チナカカラナカナカ意ノ如クナリ難イ事情ノアルコトト存シマス」と答えている。そして天皇は言った。

「何トカ叩ケナイカネ――」

天皇の焦りがにじむ言葉である。『実録』は採用していない。

駆逐艦の使い方にも注文

どこかで米軍を叩けないか、というのは大局的な要望であり指示である。大元帥である天皇としては当然の発言だろう。一方で戦術レベル、しかもごく局地的なことにも口をはさんでいる。八月二四日。杉山参謀総長、永野軍令部総長との問答である。このころ、米軍の侵攻によって中部太平洋における連合艦隊の拠点、ラバウルが脅かされていた。

天皇は春までラバウルはもつか、と聞いた。

永野は「ラバウル」が無くなれば、連合艦隊の居場所が無くなる。出来るだけ長く留まりたい、という主旨を答えた。

すると天皇は「ソレハオ前ノ希望デアラウガ、アソコニ兵ヲ置イテモ補給ハ充分ニ出来ルノカ」と指摘した。

以前は航空部隊の働きが充分ではなかった、と言う永野に対して、天皇はたたみかける。

天皇　コノ間ノ陸軍ノ大発ヲ護衛シテ行ツタ駆逐艦四隻ガ逃ゲタト云フデハナイカ。

永野　魚雷ヲ撃チツクシテ待避シマシタ。

天皇　魚雷ダケデハ駄目、モツト近寄テ大砲デデモ敵ヲ撃テナイノカ。後ロノ線ニ退イテ今後特別ノコトヲ考エテ居ルカ。

永野　駆逐艦モ増加スルシ、魚雷艇モ増エマス。

天皇が言う「コノ間」の一件は、八月一七日に起きた「第一次ベララベラ海戦」を指す。ソロモン諸島のベララベラ島を巡る攻防戦で、日本陸軍は上陸した米軍を撃退すべく、援軍を送り込もうとした。「大発」とは兵士を運ぶ輸送船で、海軍はその輸送船の護衛艦として駆逐艦四隻などを出した。米駆逐艦四隻と交戦、大発一隻と駆逐艦二隻を失った。戦果はなかった。

天皇は「陸軍の護衛についた駆逐艦四隻が逃げたではないか」と詰問した。永野が「魚雷を撃ち尽くしたので待避しました」というと、天皇は「もっと近づいて大砲で撃てないのか」といい重ねた（『戦史叢書　大本営海軍部　聯合艦隊（四）』）。

駆逐艦四隻、大砲の使い方にまで頭を働かせ、臣下を指導する「大元帥」の苦労は大きかっただろう。

もともとが、国力不相応な戦争であった。緒戦の勝利に乗じて戦線を広げた。それは前述したように戦中派の作家・司馬遼太郎が「常識では考えられない多方面作戦——大空に灰を撒いたというような、いわば世界史に類のない国家的愚行——」と断じた「戦略」であった。その結果、食料や武器弾薬の補給ができなくなった。

マリアナ諸島陥落

日本が劣勢に追い込まれるなか、一九四四年六月一五日、米軍はマリアナ諸島・サイパンに上陸した。同島やグアム、テニアンなどのマリアナ諸島は日本にとって「絶対国防圏」の内にあった。本土防衛のためには、まさに絶対に破られてはならない戦線のことである。同諸島が占領されたら米軍の戦略爆撃機、B29による日本本土爆撃が可能になることがわかっていた。

だがサイパン上陸の前から、この「絶対国防圏」は綻びを見せていた。

当時陸相、参謀総長などを兼ねていた東条首相は、「サイパン防衛には太鼓判を押す」と言い切った。

米上陸軍の背後には大規模な機動部隊があった。日本軍がサイパンでの戦いに勝つためには、上陸部隊への補給を絶つために、その機動部隊を撃退する必要がある。

連合艦隊は、サイパン守備隊を支援すべく、ボルネオ島付近のタウイ・タウイ島を出撃して東進し米艦隊との決戦に臨んだ。「あ号作戦」である。

ミッドウェーの惨敗から二年。機動部隊は真珠湾以来歴戦の正規空母『翔鶴《しょうかく》』『瑞鶴《ずいかく》』に加え最新鋭の『大鳳《たいほう》』、さらには商船などの改造空母六隻を合わせて九隻の空母を基幹とする大艦隊だ。搭載機は四三九機。一九四二年六月のミッドウェー海戦まで「無敵」と謳われた機動部隊の、倍近い航空兵力であった。丸二年かけて戦力を整備した海軍は、自信に満ちていた。

指揮官は小沢治三郎中将。旗艦『大鳳』のマストには「Z旗」が揚がった。一九〇五年五月二七日、日本海でロシア・バルチック艦隊を迎え撃つ連合艦隊の旗艦「三笠」のマストに揚がったその旗は、「皇国ノ興廃此ノ一戦ニ在リ、各員一層奮励努力セヨ」の意味、つまり大日本帝国が興るか滅びるかは、この戦いにかかっている、すべての兵士それぞれがいっそうの全力を尽くせというメッセージであった。

小沢艦隊はもちろん、大日本帝国にとって、絶対に負けられない戦いであった。

戦雲がたなびくなか、天皇は六月一七日夜、皇后と共に「サイパン島の築城状況に関する映画」をみた。

さらに翌日。

〈夕刻、御学問所において軍令部総長嶋田繁太郎に謁を賜う。御学問所において参謀次長後宮淳に謁を賜い、戦況につき奏上を受けられる。その際、サイパン島確保の必要を仰せられる。〉

『実録』には、具体的に何を言ったのかは書かれていない。しかし開戦時の連合艦隊参謀長で、のちに沖縄の特攻作戦を指揮する宇垣纏《まとめ》の日記『戦藻録《せんそうろく》』に記されている。天皇は言った。

「此ノ度ノ作戦ハ国家ノ興隆ニ関スル重大ナルモノナレバ日本海海戦ノ如キ立派ナル戦果ヲ挙グル様作戦部隊ノ奮励ヲ望ム。」

宇垣は「感激ノ極、此ノ一戦ヲ以テ聖慮ヲ安ジ奉ランコトヲ期ス」と続けた。「感激」は士気を高めただろう。

このことから分かるように、昭和天皇はサイパン防衛に強い関心をもっていた。一八日、東条に対して言っている。

「第一線ノ将兵モ善戦シテイルノダガ兵力ガ敵ニ比シテ足ラヌノデハナイカ？　万一『サイパン』ヲ失フ様ナコトニナレバ東京空襲モ屢々（シバシバ）アルコトニナルカ是非トモ確保シナケレバナラヌ」（『戦史叢書　大本営海軍部・聯合艦隊（六）』）

「兵力が足らないのではないか？」という問いは、「増強しろ」という指示に等しい。大元帥としての天皇は、東条の「上官」だからである。

乾坤一擲の「アウト・レンジ」

小沢率いる機動部隊は、空母の数や搭載機数などでみると、開戦後最大であった。一方、マリアナに押し寄せた米機動部隊の戦力は空母一五隻、艦載機およそ九〇〇機を基幹としていて、小沢艦隊の倍近くに達していた。

小沢は、海軍での専門は当初「水雷」つまり魚雷だったが、早くから空母を基幹とする機動部隊に注目していた。このとき五七歳。日米の戦力差をよく知っていた。

勝つためには、こちらの長所をもって相手の短所を突くことが必要だ。「零戦」に代表される日本軍機は、米軍機に比べ防御設備が少なく、その分軽い。軽いため航続距離は米軍機より長い。

小沢はこの「長所」を生かすべく、相手の手が届かないところから攻撃隊を発進させる「アウト・レンジ」戦法で臨んだ。うまくいけば一方的に敵艦隊を叩くことができる。

だが小沢艦隊は六月一九、二〇日の戦いで敗れた。四〇〇機以上の艦載機を失い、米艦隊のうち一隻も沈めることができなかった。逆に正規空母の「大鳳」と「翔鶴」、改造空母の「飛鷹《ひよう》」が撃沈された。惨敗であった。

同月二〇日。大本営は「戦果」を発表した。

〈大本営は、サイパン島に来襲した敵が六月十五日午後、同島の一角に地歩を占めるに至り、爾後逐次兵力を増強中であるが、我が守備部隊はこれを邀撃し、多大な損害を与えつつあること、マリアナ諸島付近海面に出現した敵の大機動部隊に対し、我が航空部隊は連日攻撃を加え、去る十二日以降本日まで戦艦一隻、巡洋艦二隻、駆逐艦一隻、潜水艦一隻を撃沈、航空母艦四隻以上、戦艦二隻、巡洋艦四隻、輸送船六隻、艦種未詳一隻、飛行機三百機以上を撃墜したが、我が船舶・飛行機にも相当の被害を

生じた旨を発表する。〉

実際には前述のように、米艦船を一隻も沈めていない。米軍機の損失も一〇〇機に満たない。海軍は天皇に対しこうした「幻想の戦果」を伝えたのか、実情を知らせたのか。『実録』には記されていない。これまでの経緯を考えると前者の可能性が高そうだ。

国力でアメリカに大きく劣る日本は、損害をできるだけ少なくして戦果を挙げなければならなかった。機動部隊が壊滅したら、もう一つの機動部隊を造ることは不可能だった。その前提からして、理論上は敵が攻撃できない地点から一方的に敵を攻撃できる「アウト・レンジ」戦法は、小沢でなくても採用しなければならない戦法であった。

しかし、小沢の「アウト・レンジ」戦法は戦後、とかく批判された。マリアナ沖海戦で小沢の参謀長を務めた古村啓蔵の回顧によれば、戦後、防衛庁の戦史室でこの戦法について質問された小沢は「それならどういう戦法をとったらいいというのかね」と答えると、誰も口をきかなかった（『増補　提督　小澤治三郎伝』）。

「あの条件で、ほかにどう戦えというんだ」。小沢の心中の声がきこえてくるようだ。

守備隊が孤立したサイパン陥落は決定的になった。

陸海軍には援軍を再上陸させ抗戦を続ける構想もあったが六月二三日、大本営は放棄することを決めた。

翌二四日。天皇は「サイパン陥落」という現実を突きつけられる。

〈午後四時六分、御学問所において参謀総長東条英機・軍令部総長嶋田繁太郎に謁を賜い、中部太平洋方面を中心とする爾後の作戦指導（サイパン島奪回企図の放棄）につき上奏を受けられる。引き続き、陸軍大臣としての東条、また内閣総理大臣としての東条に謁を賜う。〉

東条と嶋田は、この時点で「サイパン放棄」の方針を天皇に伝えた。しかし、天皇はすぐには同意せず、結論は先延ばしされた。

天皇の意思で、二五日「元帥会議」が開かれた。

〈午前十時、東一ノ間に開催の元帥会議に臨御される。御諮詢事項は中部太平洋を中心とする爾後の作戦指導にして、杉山元、永野修身、守正王、博恭王の各元帥より順

次意見の言上を受けられる。これに対し、元帥府としての意見をまとめて報告すべき旨を命じられ、同三十五分入御される。〉

『実録』のこの記述では、誰が元帥会議を開いたか分からないが、主催者はもちろん天皇だった。天皇は、元帥たちに東条や嶋田の意見具申＝サイパン放棄をくつがえしてもらいたかったのだ。

「元帥会議」は天皇の顧問として、軍事面の諮問に答えるもので、このときは海軍から伏見宮博恭王、永野修身大将、陸軍は梨本宮守正王、杉山元大将の四人が出席した。

〈御学問所において元帥会議議長博恭王に謁を賜い、左の奉答を受けられる。

曩ニ参謀総長軍令部総長ノ上リタル中部太平洋ヲ中心トスル爾後ノ作戦指導ニ関スル件ハ適当ナルモノト認ム〉

元帥会議は「サイパン放棄」という大本営の決定を支持。天皇はようやくあきらめた。

サイパン守備隊は七月七日に玉砕し、米軍の手に落ちた。近い将来の日本本土爆撃が確実になった。

伊勢神宮参拝——「戦勝祈願」か「平和への祈り」か

さて話はさかのぼるが、一九四二年一二月一二日、昭和天皇は伊勢神宮に参拝した。

〈土曜日　陸軍軍装を召され、午前六時四十五分京都皇宮を御出門になる。七時京都駅を御発車、十時山田駅に御着車、同十分外宮行在所に着御される。御潔斎の後、同三十七分外宮行在所を発御され、板垣御門外において御下乗になる。それより外玉垣御門外に進まれ、大麻・塩による修祓を受けられる。ついで中重鳥居を経て御参進、内玉垣御門内において御手水になる。終わって瑞垣御門を御参入、同四十五分、豊受大神宮正殿階下大前の御座に着かれ、御拝礼になる。ついで侍従長百武三郎より左の御告文を受けられ、これを奏される。

〔中略〕

なお昭和二十一年、天皇は本日の神宮御参拝時の御告文について触れられ、戦勝よ

りも速やかな平和の到来を祈念したことを回顧せらる。〉

この部分の典拠は以下の通りである

〈侍従日誌、侍従職日誌、内舎人供奉日誌、侍従武官日誌、省中日誌、供御日録、幸啓録、祭祀録、宮内省省報、百武三郎日記、入江相政日記、尾形健一大佐日記、侍従武官城英一郎日記、筧素彦日記、木戸幸一日記、東条内閣総理大臣機密記録、神宮司庁所蔵資料、読売報知、昭和天皇独白録〉

例によって、叙述のどの部分が、どの典拠のどの部分に依拠しているのが分からない。歴史学の世界では、大学学部生のレポートとしても通用しないレベルのスタイルである。このため、読み手は自らの努力と知識でそのそれぞれの典拠を探さなければならない。「戦勝よりも速やかな平和の到来を祈念したことを回顧せらる」の部分でいえば、典拠となったのは『昭和天皇独白録』だろう。

「此際私が〔昭和〕十七年一二月十日〔実際は一二日〕伊勢神宮に参拝した時の気持ちを云つて置き度い、あの時の告文を見ればわかるが、勝利を祈るよりも寧ろ速やかに平和の日が来る様にお祈りした次第である。」

昭和一七年＝一九四二年一二月といえば、開戦丸一年で、日本軍はそれほど劣勢ではなかった。というより、一九四一年一二月から一九四五年八月の敗戦までの間で、占領区域が最大限に及んだ時期であった。その時期に、昭和天皇は勝利よりも平和を祈った、と『実録』はいう。

一方で天皇の側近、木下道雄が記した日誌には昭和天皇が戦後、この参拝で戦勝を祈願していたことが記されている（『側近日誌』）。

敗戦から五カ月後の一九四六年一月一三日のことだ。

「戦時後半天候常に我れに幸いせざりしは、非科学的の考え方ながら、伊勢神宮の御援けなかりしが故なりと思う。神宮は軍の神にはあらず平和の神なり。しかるに戦勝祈願をしたり何かしたので御怒りになったのではないか。」

一九四二年一二月一二日、戦争に勝つようにと伊勢神宮で祈った。木下によれば昭和天皇は、そう述懐した。

二〇年以上かけて『実録』編さんに当たった担当者たちが、『側近日誌』をみなかったとは考えにくい。おそらくはみたうえで、「戦勝祈願」のことを採用しなかったのだろう。このことは、『実録』の編集方針をうかがわせる、重要な手がかりである。

5 敗戦と戦争責任観

敗戦までの経緯――「国体」か「国民」か

第三章でみたように、天皇は四五年八月九日、「ポツダム宣言」の受諾に同意した。三日後の一二日、天皇は皇族を招いて受諾を伝えた。

〈午後三時二十分、御文庫附属室に宣仁親王・崇仁親王・恒憲王・邦壽王・朝融王・

守正王・春仁王・鳩彦王・稔彦王・盛厚王・恒徳王・李王垠・李鍵公をお召しになり、現下の情況、並びに去る十日の御前会議の最後に自らポツダム宣言受諾の決心を下したこと、及びその理由につき御説明になる。守正王は皇族を代表し、一致協力して聖旨を補翼し奉るべき旨を奉答する。終わって、一同と茶菓を共にされ、種々御会話になる。〉

『実録』は、天皇がポツダム宣言受諾を決めたこと、さらにはその理由を説明したことは伝えている。しかしその「理由」の詳細は書かれていない。そのときの心境は、『昭和天皇独白録』に記されている。

「当時私の決心は第一に、このまゝでは日本民族は滅びて終ふ、私は赤子を保護することが出来ない。

第二には国体護持の事で木戸も全《（ママ）》意見であつたが、敵が伊勢湾付近に上陸すれば、伊勢熱田神宮は直ちに敵の制圧下に入り、神器の移動の餘裕はなく、その確保の見込みが立たない、これでは国体護持は難しい、故にこの際、私の一身は犠牲にしても講和をせねばならぬと思つた。」

『実録』によれば、天皇の説明を受けた皇族を代表して、朝香宮守正王は「一致協力して天皇をたすける」旨を伝えた、とある。

このときのやりとりも、『昭和天皇独白録』が詳しく伝えている。

「十二日、皇族の参集を求め私の意見を述べて大体賛成を得たが、最も強硬論者である朝香宮が、講和は賛成だが、国体護持が出来なければ、戦争を継続するか〔と〕質問したから、私は勿論だと答へた。」

この部分の、天皇の発言内容はきわめて重い。

前述のように、この時点で天皇は、日本にもはや戦争遂行能力がないことを知っていた。その状況で「国体護持ができなければ、戦争を続ける」という意思を示したのだ。

降伏しなければ、三発目の原子爆弾が落とされるかもしれなかった。原爆が落とされなくても、空襲による被害が拡大していた。にもかかわらず、天皇は国体護持ができなければ、戦争を続ける意思を示した。天皇自身に自覚があったかどうかは別としても、国民の生命財産より「国体」の方が大事、とみられても致し方ない。
屈辱的なポツダム宣言受諾にあたって、皇族を説得するためのいい方だったのもしれない。かりにそうだったとしても、この発言は天皇の国家観をうかがわせるきわめて重要な発言である。この発言を引用しないところに、『実録』の性格が表れている。

軍人がバッコして……

昭和天皇は、戦争に敗北した理由をどう考えていたのか。敗戦直後の一九四五年九月九日、皇太子（現天皇）に送った手紙で、内心を吐露している。

「手紙をありがたう　しっかりした精神をもって　元気で居ることを聞いて　喜んで居ます
国家は多事であるが　私は大丈夫で居るから安心してください〔中略〕
敗因について一言いはしてくれ

我が国人が　あまりに皇国を信じ過ぎて　英米をあなどったことである
我が軍人は　精神に重きをおきすぎて　科学を忘れたことである
明治天皇の時には　山県〔有朋〕　大山〔巌〕　山本〔権兵衛〕等の如き陸海軍の名将があったが　今度の時は　あたかも第一次世界大戦の独国の如く　軍人がバッコして大局を考えず　進むを知って　退くことを知らなかったからです」

国民が英米をあなどった。軍人にも人材がいなかった。要するにそういうことだ。敗戦の理由について、一一歳の息子に綴った天皇の率直な感想がうかがえる。

続いていう。

「戦争をつゞければ　三種神器を守ることも出来ず　国民をも殺さなければならなくなったので　涙をのんで　国民の種をのこすべくつとめたのである〔後略〕」

この手紙は共同通信の記者、高橋紘によって世に知られた。著書『象徴天皇』によれば、元東宮侍従が書き写していたものを、一九八六年に高橋がみたという。同年四月一五日付の朝刊用に記事が配信され、多数の社が掲載した。

同日は天皇と宮内記者会の会見日であった。天皇はこの手紙について「〔皇太子には〕時々手紙を出しているので、そういう内容については、はっきりした覚えは今日はないのです」（前掲『象徴天皇』）と話した。高橋がいうように否定も肯定もしなかった。

『昭和天皇独白録』にも、この手紙と呼応する記述がある。


「敗戦の原因は四つあると思ふ。

第一、兵法の研究が不充分であつた事、即孫子の、敵を知り、己を知らねば、百戦危からずといふ根本原理を体得してゐなかつたこと。

第二、余りに精神に重きに置き過ぎて科学を力を軽視した事。

第三、陸海軍の不一致。

第四、常識ある主脳の存在しなかつた事。往年の山縣、大山、山本権兵衛、と云ふ様な大人物に缺け、政戦両略の不充分の点が多く、且軍の主脳者の多くは専門家であつて部下統率の力量に缺け、所謂下克上の状態を招いた事。」

天皇の「戦争責任観」を伝える重要な資料である。

非軍人が軍人を統括するシビリアン・コントロール（文民統制）を原則とする、民主主義国家にあっては、国家の行く末を握る「大局」判断は、軍人ではない文民が行うべきものである。大日本帝国はそういうしくみになっていなかった。「大局」を判断すべきは、国家元首であり、大元帥でもあった昭和天皇自身であった。軍人は確かに「バッコ」していた。それを止めることができるのは天皇であった。

ともあれこの皇太子への手紙は、昭和史研究者の間では有名な書簡である。『実録』は一九八六（昭和六一）年四月一五日のくだりで、取り上げている。

〈新聞で昭和二十年に日光に疎開中の皇太子に宛てた御手紙の内容が報道されたことについては、今日ではその内容についてははっきりした記憶はない旨をお答えになる。なおこの日の新聞各紙において、昭和二十年に天皇・皇后が皇太子に宛てて記された御手紙の写しとされる文面を紹介する記事が掲載された。このうち九月九日付の天皇の御手紙には、日本が戦争に負けた理由等の内容が記されていた。〉

「戦争に負けた理由」の内容こそ、しっかり記すべきではないか。肝心の中身を書かずに、報道があったことだけ書くのはなぜなのか。

前述の二〇一四年九月四日の会見で、宮内庁の担当者は以下のようにその理由を説明した。

「その手紙が本当にそのまま正しく写されたかという保証はありませんし、当時、そういう報道が出たあと、昭和天皇はそうした記憶はないという回答を確かされていたんだと思うんですね。そういうこともあるので本当にそれが正しい内容なのかということがやはり確定しにくいと判断したんですね。従って総合的に判断して今回については記述しなかったということです。」

しかし後述の『富田メモ』についてもいえることだが、内容が事実無根の資料をわざわざ『実録』に記載するはずもない。記載したからには、資料の内容の妥当性を認めたといえる。

天皇の人物評を示さない

『昭和天皇独白録』や後述の『富田メモ』で分かる通り、天皇は他人の人物評をしばしばしている。しかし『実録』はそれを記すのに慎重だ。それでも、天皇の人物評がすけてみえるところもある。たとえば一九三九（昭和一四）年七月五日の記述だ。

〈午後三時三十二分、御学問所において陸軍大臣板垣征四郎に謁を賜い、八月実施の人事異動につき内奏を受けられる。人事異動案中の陸軍中将山下奉文・陸軍少将石原莞爾の親補職への転任につき、御不満の意を示される。〉

「親補職」とは、師団長など天皇自らがその人事を認めることによって成り立つ職のことである。天皇は、山下と石原をその職に就かせる人事案を留保したのだ。

山下は本章でみたように、二・二六事件の反乱将校を扇動していたとみられる人物である。石原は、大日本帝国が中国侵略の泥沼にはまるきっかけとなった「満州事変」の主導者であった。

だが、これは例外に属する。『独白録』にあるような、松岡洋右を評して「ヒトラーに買収されたのでは」といった厳しい評はあまりない。

第5章

戦後の動向をどう伝えたか

本章では敗戦後、昭和天皇の戦争に関連する主な言動を確認していく。

1 東京裁判

『実録』ではごく簡潔な記述

一九四八年一一月一二日、極東国際軍事裁判（東京裁判）は、日本人の「A級戦犯」に判決を下した。東条英機《ひでき》・松井石根《いわね》・土肥原賢二・広田弘毅《こうき》・板垣征四郎・木村兵太郎・武藤章が絞首刑。木戸幸一・平沼騏一郎《きいちろう》・荒木貞夫・畑俊六・星野直樹・橋本欣五郎・小磯国昭・南次郎・岡敬純・大島浩・佐藤賢了・嶋田繁太郎・鈴木貞一・賀屋興宣《かやおきのり》・白鳥敏夫・梅津美治郎は終身禁錮刑。東郷茂徳《しげのり》は禁錮二〇年、重光葵《まもる》は禁錮七年であった。

「東京裁判」は法理上、被告の選定上も明確に瑕疵《かし》のある裁判である。一方で日本政府はサンフランシスコ講和条約で、この東京裁判の判決を受け入れることを条件に国際社会に復帰した。そして、後述するように昭和天皇が靖国神社参拝をやめたのは、「A級戦犯」が合祀されたことによる、とされる。つまり「東京裁判」は、日本の戦後史においてきわめて重要な意味をもっているのだ。

しかし『実録』の記述はしごく簡潔だ。判決が下された一一月一二日のそれをみよう。

〈極東国際軍事裁判所法廷（裁判長ウィリアム・フラッド・ウェッブ）は、昭和二十一年五月三日の開廷以来、約二年半の審理の末、この年四月十六日に結審し、休廷となっていたが、この月四日より判決文の朗読が開始される。この日、A級戦争犯罪人としての被告二十五名に対しそれぞれ判定が下され、午後三時五十五分より、刑の宣告が行われる。〔以下、各人の刑宣告。略〕この日をもって極東国際軍事裁判は終了し、十二月二十三日、絞首刑の宣告を受けた東条英機以下七名の刑が巣鴨プリズンにおいて執行される。〉

開廷から判決、刑の執行までの二年半余りを、ひとまとめに記している。

東京裁判の被告席に座ったＡ級戦犯容疑者たち。

敗戦後、日本の為政者は天皇自身が裁判に引きずり出されることを恐れていた。連合国の一部には、実際にそれを求める声もあった。アメリカが占領政策のためにそれを押しとどめたのは、あまたの研究が明らかにした通りである。一九四六年四月三日、極東委員会で天皇不起訴は決まっていた。

木戸の弁論で一波乱

しかし、東京裁判の法廷には天皇の陰が色濃く映っていた。木戸幸一は、開戦時に内大臣だった自分が責任を負えば、天皇にも追及が及びかねないという独自の論法から、自分は平和勢力の一員であり、戦争回避と和平に努めたが阻止できなかった、という趣旨の主張をした。

木戸による自身の日記を活用してのこうした弁論は、他の被告ことに軍人の「責任」を浮き彫りにするもので、被告間の亀裂を産んだ。

一方、その木戸が天皇に対して首相に推した東条英機は裁判で「戦争責任」を負う覚悟でいた。天皇が日米交渉を平和裏に進める意志であったことを強調しもした。

しかし一九四七年一二月三一日、大晦日に法廷で失言してしまう。

木戸の弁護を担当していたローガン弁護士が、東条に、木戸が天皇の平和に対する希望に反するような行動をとったかどうかを尋ねた。東条は言下に否定した。

「日本国の臣民が、陛下の御意志に反してかれこれするということはあり得ぬことであります」。とすると、開戦したのも天皇の意志だった、ということになる。

裁判長のウェッブはすかさず「ただいまの回答がどういうことを示唆するのか、明らかですね」と述べた。ウェッブは、戦争後対日感情がことのほか苛烈だったオーストラリア出身である。

「天皇免責」が揺らぐことを恐れた米側はすぐに動いた。アメリカのキーナン検事は弁護人を通じて、東条に失言の意味を伝え、軌道修正を図った。年が明けて一九四八年一月六日、戦争を決意したのは自分の内閣であり、自分の責任で開戦を決めた旨を陳述し、天皇の「天皇免責」に軌道を戻した。

東条らが収監され、そして処刑された「巣鴨プリズン」には四〇〇〇人以上の「戦犯」が収容されたという。「BC級戦犯」も五〇人以上が処刑された。そして一九五八年五月三〇日、最後の「仮釈放」が行われた。

同日の『実録』には、天皇が生物学御研究所に隣接する水田で田植えをしたこと。さらにはアジア競技大会の水泳、ホッケー競技を観戦したことなどが記されている。「巣鴨プリズン」への言及はない。

今、「巣鴨プリズン」は東京・池袋のサンシャイン・シティとして都内屈指の繁華街となっている。悲劇をしのぶ遺構はほとんどない。わずかに一九七八年に建てられた石碑があるのみだ。表面には「永久平和を願って」と彫られているが、これだけでは何があったのか分からない。

今日に至るまで、日本国の有り様に大きな影響を与えている東京裁判である。『実録』は描かないが、今みてきたようにさまざまな人間ドラマがあったことを確認しておきたい。

2 靖国不参拝

最後となった靖国神社参拝

一九七五年一一月二一日。
天皇は靖国神社に参拝した。

〈靖国神社及び千鳥ヶ淵戦没者墓苑に御参拝のため、午前十時三十二分皇后と共に御出門になり、両所に行幸される。最初に靖国神社に御到着、本殿御拝座にて御拝礼になる。ついで皇后が同じく拝礼される。終わって御休所において宮司筑波藤麿・権宮司池田良八の拝謁を受けられる。〔中略〕なおこの度の靖国神社御参拝は、終戦三十周年に当たり、同社より御参拝の希望があり、また昭和四十年十月には終戦二十周年につき御参拝になった経緯もあったことから、私的参拝という形で行われた。〉

敗戦前とは違い、天皇が靖国神社に参拝するには高いハードルがいくつかあった。日本にはたくさんの神社がある。なぜことさらに、「靖国神社」なのか。また日本には神道以外にたくさんの宗教がある。なぜ神道なのか。たとえば、そういう問いかけである。

〈この御参拝に対して、日本基督教協議会ほか六団体から宮内庁長官に参拝中止の要望書が提出され、また野党各党からは反対声明が出された。さらには衆議院議員吉田法晴(日本社会党)から天皇の靖国神社参拝に関する質問主意書が国会に提出されるなど論議を呼んだ。なお靖国神社への御参拝は、この度が最後となった。〉

なぜ一八年後の『富田メモ』に触れたか

このように天皇による靖国神社参拝は記録上、一九七五年一一月二一日が最後である。理由については、昭和天皇がA級戦犯の合祀に不快感をもっていたとの意見が指摘されていた。

ナチス・ドイツが欧州戦線で快進撃を続けるなか、日本の為政者の間にはそのドイツとの同盟を推進する勢力があった。日独とも、ソ連が仮想敵国であり、お互いに「敵の敵は味方」であり、両国は同盟を模索していた。日本では陸軍が主導していた。しかし海軍に慎重論が強く、交渉は停滞した。すると、ドイツはソ連と不可侵条約を締結した（一九三九年）。日本としては、握手しようと手を差しのばした相手にいきなり背負い投げをくらったようなものだ。

もっとも、ドイツは日本のために外交をしているわけではない。自国の利益が最優先なのは、日本と同じである。その日本では、為政者らの間に「バスに乗り遅れるな」というフレーズが流行した。ドイツが戦争に勝てば、第一次世界大戦の敗戦で失った南洋諸島を取り返そうとするかもしれない。そうなると、同大戦の戦勝国として、その南洋諸島を事実上の植民地とした日本はそれを返上しなければならないかもしれない。

また、ドイツはオランダを屈服させていた。ドイツと同盟を結んでおけば、インドネシアなど東南アジアにおけるオランダ領を手に入れることができるかもしれない。ドイツと組むのが得策だ。「バスに乗り遅れるな」とは、そういうことであった。

そして一九四〇年、大日本帝国は背負い投げをくらわせたナチス・ドイツにイタリアを加えた三国同盟を結んだ。第二次近衛文麿内閣、外相は松岡洋右《ようすけ》である。

第二章でみたように、この三国同盟は大日本帝国が崩壊する大きなきっかけとなった。天皇が松岡について、「『ヒトラー』に買収でもされたのではないかと思はれる」(『昭和天皇独白録』)と酷評していたことも、すでにみた。それを裏打ちしたのが、宮内庁長官を務めた富田朝彦(一九二〇〜二〇〇三)年が遺したメモだ(『富田メモ』)。二〇〇六年、日経新聞の報道で明らかになった。天皇が東京裁判のA級戦犯を靖国神社が合祀したことについて不快感を示し、参拝をやめたととれる記述があった。

「私は 或る時に、A級が合祀されその上 松岡、白取までもが、筑波は慎重に対処してくれたと聞いたが 松平の子の今の宮司がどう考えたのか 易々と 松平は 平和に強い考があったと思うのに 親の心子知らずと思っている だから 私あれ以来参拝していない それが私の心だ」

「白取」は三国同盟の推進者で、駐イタリア大使だった白鳥敏夫を指すと思われる。松岡は一九四六年六月、東京裁判の判決が出る前に病没した。白鳥は終身禁固刑の判決が下ったが、四九年六月に死去した。

また「松平」とは最後の宮内大臣となった松平慶民《よしたみ》で、「松平の子」とはその長男・松平永芳を指すと推察される。

靖国神社の宮司、筑波藤麿は「A級戦犯」の合祀に慎重だった。しかしその後、宮司となった永芳は一九七八年、A級戦犯を合祀した。

昭和天皇は、A級戦犯が合祀されたから靖国参拝をやめた。『富田メモ』を普通に読めばそう解釈するのが妥当だろう。天皇の激動の生涯、昭和史のなかでもきわめて貴重な証言である。

だが、一部メディアや識者からは疑義が呈された。たとえば本当に天皇の発言を記録したものなのか、という疑問であり、あるいはA級戦犯合祀が、天皇が参拝をやめた本当の理由なのか、という疑問である。

『富田メモ』については、一九八八年四月二八日付の『実録』に興味深い記述がある。

〈吹上御所において、宮内庁長官富田朝彦の拝謁をお受けになる。この日の拝謁において、去る二十五日に宮内記者会会員とお会いになられた際、第二次世界大戦について「いやな思い出」と表現されたことについてお話しになり、ついで靖国神社におけるいわゆるA級戦犯の合祀、御参拝について述べられる。なお、平成十八〔二〇〇六〕年には、富田長官のメモとされる資料（靖国神社におけるいわゆるA級戦犯合祀の経緯や御参拝に関する記述が含まれる）について『日本経済新聞』（七月二十日付朝刊）が報道する。〉

この部分の記述は異様な印象を受ける。一九八八年の天皇の動向を記すなかで、なぜ一八年も後の新聞報道に触れる必要があるのか。

時は昭和天皇の最晩年である。この先、A級戦犯の話題は出ないかもしれない。ここで『富田メモ』に触れておかないと、機会を逃してしまうかもしれない。そうした編集意図がすけてみえる。

『実録』は『富田メモ』をおよそ一八〇回引用している。資料としての信憑性を認めているといえる。直接引用はしていないが、「それが私の心だ」という天皇の肉声を事実上是認したとみるのが自然だろう。でなければ、『日経新聞』云々に触れる意味がない。

3 「戦争責任」の認識と「沖縄メッセージ」

「文学方面は研究もしていないので……」

昭和天皇は、一九七五年九月三〇日から一〇月一四日、訪米した。訪米中はフォード米大統領主催の晩餐会で「私が深く悲しみとする、あの不幸な戦争」と述べた。日本国内の会見で、天皇が戦争についての感想を云々することはほとんどなかった。それだけに、アメリカでのこの発言は天皇の戦争観を知るうえで貴重なものであった。そして天皇による謝罪、つまり戦争責任を認めたものとして受け止められた。

帰国後の一〇月三一日に開かれた記者会見では、天皇のその戦争観に関する取材が当然のごとくぶつけられた。現代史研究では有名な会見だけに、『実録』も無視できなかったとみられる。

〈御訪米時ホワイトハウスでの大統領並びに同夫人主催の晩餐会における「私が深く悲しみとするあの不幸な戦争」というお言葉を例に、開戦を含め戦争責任についてのお考えについての関連質問を受けられ、それに対しては、言葉のアヤについては、私はそういう文学方面はあまり研究もしていないので、よくわかりませんから、そういう問題についてはお答えできかねると御回答になる。〉

実際の質疑応答は、以下の通りであった。

「記者　陛下は、ホワイトハウスの晩餐会の席上、『私が深く悲しみとするその不幸な戦争』というご発言をなさいましたが、このことは、陛下が、開戦を含めて、戦争そのものに対して責任を感じておられるということですか。また陛下は、いわゆる戦争責任について、どのようにお考えになっておられますか。

天皇　そういう言葉のアヤについては、私はそういう文学方面はあまり研究もしていないので、よくわかりませんから、そういう問題についてはお答えできかねます。」

（『陛下、お尋ね申し上げます』。）

このとき、天皇は七四歳。敗戦からちょうど三〇年が過ぎて、自分の「戦争責任」を考えることはなかったのだろうか。天皇が開戦直前の一九四一年一〇月に首相に選び、信頼した東条英機は四八年、「東京裁判」で「戦争責任」を問われ、「A級戦犯」として断罪され、絞首刑となっていた。

戦争はバーチャルな「文学」ではない。「戦争責任」も「文学」ではない。日本人だけで三一〇万人が死に、その数倍あるいは数十倍の家族肉親が苦しんだ「現実」である。

原爆「しょうがない」

この会見で「戦争責任」問答の後、別の記者が原爆について質問した。

〈広島への原子爆弾投下の事実をどのように受け止められているのかという質問には、原子爆弾が投下されたことに対しては遺憾に思っているが、戦争中であることだから、広島市民に対しては気の毒であるが、やむを得ないことと思うと答えられる。〉

実際の問答は以下の通りである（前掲『陛下、お尋ね申し上げます』）。

「記者　陛下は、これまでに三度広島へおこしになり、広島市民に親しくお見舞いのことばをかけておられるわけですが、戦争終結に当たって、原子爆弾投下の事実を、どうお受止めになりましたでしょうか。」

「天皇　原子爆弾が投下されたことに対しては遺憾には思っていますが、こういう戦争中であることですから、どうも、広島市民に対しては気の毒であるが、やむを得ないことと私は思ってます。」

戦争は自然災害ではない。人災である。為政者の不作為や作為によって始まるのが戦争だ。天皇の「しょうがない」発言は、当事者意識をいちじるしく欠き、自分の責任を認めようとしない不誠実な発言ととられても致し方ない。

中国首脳に責任認め謝罪?

戦争責任といえば、天皇が戦後、中国首脳に対してそれを認め謝罪したという説と、していないという説がある。

一九七八年八月、日中平和友好条約が締結され、一〇月二三日に発効した。それを受けて中国の鄧小平副首相が来日した。同二三日、鄧と会った天皇は会談冒頭、「わが国はお国に対して、数々の不都合なことをして迷惑をかけ、心から遺憾に思います。ひとえに私の責任です」と述べた(岩見隆夫『陛下の御質問』)。自身の責任を認めたうえでの、明確な謝罪である。事実とすれば、戦後史における大きなできごとである。

古川隆久は『実録』が発表される前に著した『昭和天皇』のなかで、岩見が記したこの発言について「戦前からの昭和天皇の言動」や『入江日記』の記述から「正しいと判断できる」とした。さらにその発言は「昭和天皇の戦争責任に関する政府見解に反していたので、現行憲法の天皇に関する規定から明らかに逸脱している。この発言が秘匿されたのも不思議ではない」とした。

同日の『実録』には、この日の会見は以下のように書かれている。

〈午後零時十分より正殿竹の間において、中華人民共和国成立以来初の首脳として来日した公賓の同国国務院副総理鄧小平及び同夫人を皇后と共に御引見になる。その際、午前に首相官邸での日中平和友好条約批准書交換式を終えた同副総理に対し、両国の長い歴史の間には一時不幸なできごとがあったが、今後は両国の親善を進めて欲しい旨を仰せになる。〉

「不幸なできごと」の責任がどこの誰にあるのか、これでは分からない。前述の「私の責任です」という言葉とは天と地ほど違う。

二〇一四年九月四日に開かれた、宮内庁書陵部と記者団との会見では、このことについてなぜ、謝罪の言葉が不記載なのか、という質問に対し、同庁担当者は「このご引見内容を記した資料を確認できなかったため」と答えた。

かりに天皇が中国への謝罪をしたならば、『実録』は公文書としてそれを初めて記す好機であった。
天皇は訪中を希望していたが、かなわなかった。

「沖縄メッセージ」

一九四四年夏に「絶対国防圏」の一角であるマリアナ諸島が米軍に占領された後、日本の敗戦は確実になった。第三章でみたように翌年一月、元首相公爵近衛文麿は、天皇に連合軍との講和を進言したが、天皇は同意しなかった。為政者たちが勝ち目のない戦争をずるずると続けているうちに、国民の犠牲は増えていった。沖縄はその典型である。
敗戦後、天皇は沖縄をどうみていたか。一九四七年九月一九日の『実録』に興味深い記述がある。

〈十九日　金曜日　午前、内廷庁舎御政務室において宮内府御用掛寺崎英成の拝謁をお受けになる。
なお、この日午後、寺崎は対日理事会議長兼連合国最高司令部外交局長ウィリア

ム・ジョセフ・シーボルトを訪問する。〉

天皇はこの日、GHQとの連絡役である寺崎に会った。寺崎はその後、GHQ外交局長のシーボルトに会った。『実録』はそこまでは事実として記している。問題はこの後だ。

〈シーボルトは、この時寺崎から聞いた内容を連合国最高司令官（二十日付覚書）及び米国国務長官（二十二日付書簡）に報告する。この報告には、天皇は米国が沖縄及び他の琉球諸島の軍事占領を継続することを希望されており、その占領は米国の利益となり、また日本を保護することにもなるとのお考えである旨、さらに、米国による沖縄等の軍事占領は、日本に主権を残しつつ、長期貸与の形をとるべきであると感じておられる旨、この占領方式であれば、米国が琉球諸島に対する恒久的な意図を何ら持たず、また他の諸国、とりわけソ連と中国が類似の権利を要求し得ないことを日本国民に確信させるであろうとのお考えに基づくものである旨などが記される。〉

所謂「沖縄メッセージ」として、研究者の間では広く知られている。進藤榮一・筑波大学名誉教授（国際政治学）が、アメリカで発見した外交文書（シーボルトがマッカーサーにあてた覚書き）をもとに一九七九年、『世界』四月号掲載の論文で発表したものだ。

同年四月一九日の『入江〈相政〉日記』は、進藤論文と響き合っている。

「お召しといふことで出たら昨夜、赤坂からお帰りの車中でうかゞつた『沖縄をアメリカに占領されることをお望みだつた』といふ件の仰せ。蔣介石が占領に加はらなかつたので、ソ連も入らず、ドイツや朝鮮のやうな分裂国家にならずに済んだ。同時にアメリカが占領して守つてくれなければ、沖縄のみならず日本全土もどうなつたかもしれぬとの仰せ。」

入江は侍従として半世紀、天皇に仕えた。「沖縄」のくだりは唐突に出てくるが、時期からみて進藤論文を読んだか、読まないにしても何らかの形でその内容を知った天皇が、入江に「沖縄をアメリカが占領することを望んでいた」という趣旨のことを語っていた、とみるべきだろう。

凄惨な地上戦で痛めつけられた沖縄を、米軍が長期間占領することを天皇が望んでいたとしたら、天皇に対する沖縄の人々はもちろん、それ以外の日本人にも感じるところがあるはずだ。

紙背にみえる編さん者のメッセージ

しかし、『実録』が事実として認定しているのは、シーボルトは寺崎から聞いた内容について、マッカーサー連合国最高司令官とマーシャル米国国務長官に「天皇が、沖縄諸島は日本が主権を持ちつつ、米軍が軍事占領するのが望ましいと感じている」という趣旨の報告をした、というものだ。天皇がそういう趣旨の発言をした、と認定しているわけではない。つまり「資料（シーボルト報告）は引用したが、その中身が正しいかどうかはわからない」ということだ。

とはいえ、『富田メモ』同様、資料の内容に信憑性がなければ、そもそもそれを引用する意味がない。むしろ、無用な誤解を産むだけである。「『実録』では断定はできない。ただし、こういう形で取り上げることで、こちらの判断を察してほしい」。編さん者の、そういうメッセージがすけてみえるようだ。

あとがき

二〇一四年九月、宮内庁が『昭和天皇実録』を公開した。これに先立ち、筆者が勤務する毎日新聞では『実録』を詳細に報道するために取材班が組織され、筆者はその一人となった。本書はそこで知ったことと、新聞記者になる前に学んだこと、さらに記者になってからの二〇年で戦争体験者、遺族らに取材してきた成果を反映させたものである。

一九四五年の敗戦まで、近現代の大日本帝国は戦争にまみれていた。とくに第二次世界大戦は日本史における最悪の惨事であり、七〇年が過ぎた今も、外交や安全保障、被害者への補償問題など多数の点で、われらが日本国の有りようを規定している。本書が膨大な『実録』のなかから、ことさらに「戦争」を選んで読み解いたのは、そのためである。

執筆に当たっては、大きく二つのことを意識した。

まず『実録』は第二次世界大戦にいたる道から敗戦まで、一次資料を、非公開のものも含めてふんだんに使い、詳細に描いている。しかし詳細であるがため、さらには叙述のスタイルが特殊である（たとえば、記述のどの部分がどの資料に拠っているのかが分からず、第三者が記述の妥当性を検証できない部分がある）ため、専門的な知識がなければ読み通すのは難しい。こうしたことから、『実録』が典拠とした資料や関連資料を活用しながら、より分かりやすく描くよう心がけた。

さらに、歴史は多面的である。たとえば同じ事件で被害者と加害者では見方が違うように、「主観的事実」は複数ある。国家がどれほどの年月と税金を投入しても、それらすべてを取り上げることは、もちろんできない。選択するのは必然である。当然、そこに何らかの意図が働く可能性はあり得る。国家が「正史」によって歴史に何を刻印し、何を見過ごそうとしているのか。それを浮き彫りにするのは、アカデミズムあるいはジャーナリズムの役割であると、筆者は思う。それゆえ、本書は「書かれていないこと」にも光を当てるよう努めた。

筆者は小学生のころから、いわゆる「戦記もの」を読んでいた。「なんで勝てるはずのない戦争を始めたんだろう？」という疑問がわき、その答えを示してくれそうな本を読み続けた。一九八四年、一七歳のころに読んだ『御前会議』（五味川純平著）はその一冊である。五味川は戦争に突き進んでゆく為政者の作為と不作為を、戦争世代ならではの執拗な筆致で明らかにしてゆく。

以来三〇余年、近現代史の研究は大きく進んだ。しかし五味川の仕事は、今も歴史ノンフィクションの役割と魅力を照らす光源である。筆者がそうであったように、その仕事で日本の近現代史、戦史に関心を持った読者はたくさんいるだろう。本書が、ほんの少しでもそうした役割を果たせば幸いである。

『実録』の読み解きにあたってはノンフィクション作家の保阪正康氏、吉田裕・一橋大教授、古川隆久・日本大学教授に貴重なご助言を頂いた。また優れた研究者があまたいるなか、山川出版社の萩原宙さんが筆者に声をかけて下さったことは、執筆の励みになった。最後に私事ながら、いつも執筆を応援してくれる父、栗原光雄と、最初の読者になってくれる妻、果生里に感謝したい。

敗戦七〇年・二〇一五年八月　江戸城の緑をみながら

栗原俊雄

主要参考文献（刊行年順）

吉田茂『回想十年』第一巻（新潮社、一九五七年）
高橋正衛『二・二六事件「昭和維新」の思想と行動』（中公新書、一九六五年）
参謀本部編『杉山メモ』上　明治百年史叢書第一四巻（原書房、一九六七年）
宇垣纏『戦藻録』（原書房、一九六八年）
防衛庁防衛研修所戦史室編『戦史叢書　マリアナ沖海戦』（朝雲新聞社、一九六八年）
防衛庁防衛研修所戦史室編『戦史叢書　沖縄方面海軍作戦』（朝雲新聞社、一九六八年）
防衛庁防衛研修所戦史室編『戦史叢書　沖縄・台湾・硫黄島方面陸軍航空作戦』（朝雲新聞社、一九七〇年）
防衛庁防衛研修所戦史室編『戦史叢書　大本営海軍部　聯合艦隊（四）』（朝雲新聞社、一九七〇年）
防衛庁防衛研修所戦史室編『戦史叢書　大本営海軍部・聯合艦隊（六）』（朝雲新聞社、一九七一年）
防衛庁防衛研修所戦史室編『戦史叢書　海軍捷号作戦（二）　フィリピン沖海戦』（朝雲新聞社、一九七二年）
久保田重則『東京大空襲救護隊長の記録』（潮出版社、一九七三年）
井上清『天皇の戦争責任』（現代評論社、一九七五年）
防衛庁防衛研修所戦史室編『戦史叢書　大本営海軍部・聯合艦隊（七）　戦争最終期』（朝雲新聞社、一

九七六年）
司馬遼太郎『歴史と視点―私の雑記帖―』（新潮文庫、一九八〇年）
野村実編『侍従武官城英一郎日記』（山川出版社、一九八二年）
五味川純平『御前会議』（文春文庫、一九八四年）
須藤眞志『日米開戦外交の研究――日米交渉の発端からハル・ノートまで』（慶應通信、一九八六年）
高橋紘『象徴天皇』（岩波新書、一九八七年）
高橋紘編『陛下、お尋ね申し上げます』（文春文庫、一九八八年）
児島襄『天皇と戦争責任』（文藝春秋、一九八八年）
本庄繁『本庄日記』普及版（原書房、一九八九年）
木下道雄『側近日誌』（文藝春秋、一九九〇年）
寺崎英成、マリコ・テラサキ・ミラー『昭和天皇独白録・寺崎英成御用掛日記』（文藝春秋、一九九一年）
吉田裕『昭和天皇の終戦史』（岩波新書、一九九二年）
岩見隆夫『陛下の御質問』（毎日新聞社、一九九二年）
入江為年監修『入江相政日記』（朝日文庫、一九九五年）
軍事史学会編『大本営陸軍部戦争指導班　機密戦争日誌』全二巻（錦正社、一九九八年）
山田朗『昭和天皇の軍事思想と戦略』（校倉書房、二〇〇二年）
ハーバード・ビックス（岡部牧夫ほか訳）『昭和天皇』上・下（講談社、二〇〇二年）
保坂正康『昭和天皇』（中央公論新社、二〇〇五年）

栗原俊雄『戦艦大和　生還者たちの証言から』（岩波新書、二〇〇七年）
原武史『昭和天皇』（岩波新書、二〇〇八年）
日暮吉延『東京裁判』（講談社現代新書、二〇〇八年）
栗原俊雄『シベリア抑留　未完の悲劇』（岩波新書、二〇〇九年）
茶谷誠一『昭和天皇側近たちの戦争』（吉川弘文館、二〇一〇年）
古川隆久『昭和天皇』（中公新書、二〇一一年）
加藤陽子『昭和天皇と戦争の世紀』（講談社、二〇一一年）
伊藤之雄『昭和天皇伝』（文藝春秋、二〇一一年）
半藤一利、保坂正康、御厨貴、磯田道史『「昭和天皇実録」の謎を解く』（文春新書、二〇一五年）
宮内庁編修『昭和天皇実録』第一、第二（東京書籍、二〇一五年）

〔著者紹介〕
栗原俊雄（くりはら　としお）
毎日新聞学芸部記者。1967年生まれ。東京都出身。早稲田大学政治経済学部政治学科卒、政治学研究科修士課程修了（日本政治史）。
96年毎日新聞社入社。横浜支局などを経て2003年より現職。

著書
「戦艦大和—生還者たちの証言から」（岩波新書、2007年）
「シベリア抑留—未完の悲劇」（同、2009年）
「シベリア抑留は『過去』なのか」（岩波ブックレット、2011年）
「勲章　知られざる素顔」（岩波新書、2011年）
「20世紀遺跡　帝国の記憶を歩く」（角川学芸出版、2012年）
「遺骨　戦没者三一〇万人の戦後史」（岩波新書、2015年）
2009年、毎日新聞連載記事「戦艦大和」と「シベリア抑留」によって、第3回疋田桂一郎賞受賞。

装幀　有限会社グラフ／本文　梅沢　博／編集協力　有限会社洛思社

「昭和天皇実録《しょうわてんのうじつろく》」と戦争《せんそう》

2015年8月5日　第1版第1刷印刷　　2015年8月15日　第1版第1刷発行

著　者　栗原俊雄
発行者　野澤伸平
発行所　株式会社 山川出版社
〒101-0047　東京都千代田区内神田1-13-13
電話　03(3293)8131(営業)　03(3293)1802(編集)
http://www.yamakawa.co.jp/
振替　00120-9-43993

企画・編集　山川図書出版株式会社
印刷所　株式会社太平印刷社
製本所　株式会社ブロケード

©THE MAINICHI NEWSPAPERS 2015　Printed in Japan　ISBN978-4-634-15090-4
• 造本には十分注意しておりますが、万一、落丁・乱丁などがございましたら、
小社営業部宛にお送りください。送料小社負担にてお取り替えいたします。
• 定価はカバー・帯に表示してあります。